改变世界 中国杰出企业家管理思想研究丛书
为世界留下东方企业家的商业智慧与管理思想

苏 勇 ◎ 主编

雷军
乘势而为

刘国华 ◎ 著

新世界出版社
NEW WORLD PRESS

图书在版编目（CIP）数据

雷军：乘势而为 / 刘国华著. —北京： 新世界出版社，2016.7（2016.9 重印）

（改变世界：中国杰出企业家管理思想研究丛书 / 苏勇主编）

ISBN 978-7-5104-5866-8

Ⅰ.①雷… Ⅱ.①刘… Ⅲ.①雷军－生平事迹②移动通信－电子工业－工业企业管理－经验－中国 Ⅳ.①K825.38②F426.63

中国版本图书馆 CIP 数据核字（2016）第 150882 号

雷军：乘势而为

作　　者：刘国华
责任编辑：贾瑞娜
责任校对：宣　慧
责任印制：李一鸣　黄厚清
出版发行：新世界出版社
社　　址：北京西城区百万庄大街24号（100037）
发行部：(010) 6899 5968　(010) 6899 8705（传真）
总编室：(010) 6899 5424　(010) 6832 6679（传真）
http://www.nwp.cn
http://www.nwp.com.cn
版权部：+8610 6899 6306
版权部电子信箱：nwpcd@sina.com
策　　划：杭州蓝狮子文化创意股份有限公司
印　　刷：三河市骏杰印刷有限公司
经　　销：新华书店
开　　本：710mm×1000mm　1/16
字　　数：170 千字　　印张：14.25
版　　次：2016 年 7 月第 1 版　2016 年 9 月第 2 次印刷
书　　号：ISBN 978-7-5104-5866-8
定　　价：45.00 元

版权所有，侵权必究

凡购本社图书，如有缺页、倒页、脱页等印装错误，可随时退换。
客服电话：(010) 6899 8638

改变世界：
中国杰出企业家管理思想研究丛书

编委会

主　任　黄丽华　苏　勇　秦　朔

委　员　汪　钧　李萌娟　朱韶民

　　　　王立伟　邱　洋

丛书总序

在中国现代化进程中,企业家是处于改革开放最前列的一个重要群体。他们率先感受到市场经济大潮和全球化竞争的严峻,以自己的智慧和胆识,带领日益强大的中国企业,在世界舞台上一展身手,用自己的思想和行动改变着这个社会,改变着这个世界。

1911年,管理学发展史上的里程碑著作《科学管理原理》出版发行,标志着管理学作为一门学科的诞生,它使得管理从一种简单的实务行为上升为一门科学理论。在此后约100年中,管理学领域几乎是西方世界一统天下。这虽然有其一定的历史合理性,但也存在诸多缺陷。因为,管理除了有其科学属性,还具有文化属性。管理思想和行为不仅是一种科学,同时也是一种文化。

管理的文化属性主要体现在两方面。

首先，管理是一种文化的积累，任何一个国家或组织的管理理论和管理方式，都非凭空产生，都有一个文化延续和发展的过程。当今的任何一种管理思想都是先前文化成果的积淀。

其次，现实组织中采用的任何管理方法或手段，无不受到该组织所赖以存在的社会文化环境影响，因而会留下深刻的社会文化烙印。任何组织都是社会的一个细胞，组织的生存、发展，不能脱离社会大环境，任何再好的管理思想和方法，只有在适合它的社会和文化环境中，才能发挥有效作用，这也充分体现出管理活动和思想有其文化依存性。就这一点而言，任何管理活动都不能忽视文化的作用，不能忽视管理者及组织的文化差异性。

既然我们承认管理是一种文化，管理活动有其客观的文化依存性，管理的有效性要充分考虑管理者和被管理者及所在组织的社会文化情境，那么，我们就既要承认西方管理学思想有其重要的科学性和规范性，在企业发展过程中起着非常重要的作用，呈现出其独特魅力；同时也要认识到，东方社会和组织，虽然表现形式不同，但也应当在实践中总结、概括和提炼出自己独特的管理思想。我们应当看到，长期以来，在东方社会的企业管理中也一定存在着一系列发挥着卓有成效作用的、独特的管理思想。

本丛书的撰写出版正是基于这样一个目的。

2014年秋，由复旦管理学奖励基金会联合上海第一财经传媒有限公司、复旦大学东方管理研究院，隆重启动了"改变世界：中国杰出企业家管理思想访谈录"项目。项目计划用5年时间，访谈50位最优秀的中国杰出企业家。这些企业家，在中国三十多年改革开放大潮中，投身于市场经济的汪洋大海，奋力拼搏，砥砺前行，用自己的智慧、毅力和辛劳，为中国经济和社会发展做出了巨大贡献，同时也产生了丰富的管理思想。

在本项目的实施过程中，我们希望认真了解每一位杰出企业家精彩的管理实践，深入剖析其深邃的管理思想，系统总结其独树一帜的管理理论。我们计划为每位企业家拍摄一部电视专题片，撰写一本研究该企业家管理思想的专著。为此，我们组建了由全国多所大学管理学教授、博士领衔的多支一对一研究团队。研究团队在访谈之前认真研读相关资料，撰写出企业大事记和对企业家详细的访谈提纲。对每位企业家的电视访谈历时两小时以上，积累了大量宝贵素材。"改变世界：中国杰出企业家管理思想访谈录"电视系列专题片（第一季7集）已经于2015年底在第一财经电视频道连续播出多次，获得良好的社会反响。

而今呈现在读者面前的这套丛书，就是本项目在电视专题片之外的另一项研究成果。我们的管理学专家团队，深入企业调研访谈，认真研读各项素材，并广泛涉猎关于该企业家的各种资料，在此基础上与团队合作，反复研究、提炼和聚焦该企业家最核心、同时又最具东方特色的管理思想和智慧，数易其稿，陆续出版每一位企业家个人管理思想的研究专著，提供给读者一份基于丰富实践和成功经验的具有东方特色管理思想的盛宴，为世界管理学贡献中国智慧。

管理学的发展需要多视角的研究。诚如生物需要有多样性一样，只有

雷军：乘势而为

打破西方管理学理论一统天下的局面，管理学才能获得健康成长。而经历三十多年改革开放历程的中国企业，也迫切需要在契合中国企业实际的管理学理论引领下，以更加科学和实事求是的态度，认真思考和探讨东西方管理思想的融合，并有效指导企业的管理实践。

中国企业正以其日新月异的新姿态，昂首阔步走向世界经济舞台，愿我们的工作，为中国企业助力，为中国管理学发展助力！

苏 勇

教授 博士 丛书主编

复旦大学东方管理研究院院长

复旦大学管理学院企业管理系主任

2016年春 于复旦大学

前 言
Preface

备受关注的科技杂志《连线》（WIRED）英国版2016年4月刊的封面人物，选择了小米公司的创始人雷军，《连线》杂志对以小米为代表的中国创新力量赞不绝口。在2016年全国"两会"期间，雷军成为"两会"中最受关注的代表之一。美国著名的《时代周刊》（TIME）2015年3月23日版，用长篇幅报道了雷军和小米手机，并用"China's Phone King"（中国手机之王）来评价雷军。《时代周刊》这样评价小米："小米的目标是创造一个让全世界都知道的中国品牌！"2015年4月16日，《时代周刊》评选出了2015年度全球百位最有影响力人物榜单，小米公司董事长雷军入选，他同时也是唯一入选的中国企业家。

这就是今天如日中天的雷军。

雷军：乘势而为

我曾是雷军的校友，那时的雷军在武汉大学虽有"杰出校友"一类的名声，但相比马化腾、马云等科技"大佬"而言，影响力着实不大，在校外听过雷军名字的就更少。如今，情况发生了巨大的变化，雷军但凡一举一动都受到粉丝和市场的关注，成为不折不扣的焦点。现在雷军发表的演讲，或者写雷军的文章都会在朋友圈享有超高的人气。在很多人眼里，现在的雷军就是中国的"雷布斯"。

雷军的成长故事颇有些传奇的意味。周星驰的电影《功夫》一开始，主角拿到一本"武林秘籍"，从此念念不忘，走上武林大家的道路，充满了励志意味。而对于雷军，故事颇有相似之处。他的"武林秘籍"就是大学时读到的一本名为《硅谷之火》的书。这本书点燃了雷军创业的心火，他梦想着也能成为乔布斯一样的伟大创业者。

见过雷军的人都知道，雷军并不像媒体上或者发布会上所看到的那样高调张扬，相反他是个极其低调和小心的人。听小米的员工讲，有时候公司来了新的保安不认识雷军，挡住他不让进公司，雷军就老老实实地去登记。雷军从小做事就极其认真和努力。凭借着他中学时代的努力，他以能考上清华的高考分数考入武汉大学。之后，雷军在23岁加入金山软件，29岁就升任总经理。2007年10月16日，金山经过几次努力终于在香港联交所挂牌上市。面对众人的欢呼雀跃，雷军想起当年那些本是他"学徒"的马化腾、李彦宏甚至马云，他们的企业市值均远超金山6.261亿港币的市值时，不由得黯然神伤。雷军是个不服输的人，在公司跟员工玩游戏时，如果他第一轮输了都会想尽办法再玩一轮，直到赢了才罢手。两个月后，

前言

雷军怀着满腹失落在隆冬季节离开金山，去寻找自己更加伟大的事业，他要证明自己并不比别人差。

作为金山的主要高管之一，金山上市给雷军带来巨额资金回报。再加上之前他把自己创立的卓越网在2004年以7500万美元出售给亚马逊，雷军离开金山时可谓"腰缠万贯"。此后三年，雷军拿着这些钱开始寻找自己要创业的项目，开始作为"业余"的天使投资人。多年沉浸互联网行业，雷军看好电子商务和移动互联网两大方向，作为一个天使投资人，他在投资企业方面表现出了相当高的专业水准。如今，雷军投资的生态体系已经成为BAT（百度、阿里巴巴、腾讯）外，另一个不可忽视的力量，涵盖移动互联网、电子商务和社交三大领域。易凯资本董事长王冉曾感慨："全中国都是雷军的试验田。"

隐居幕后作为投资人的三年是雷军职业生涯中最宁静的时光，也使得雷军成为中国最成功的天使投资人之一。但这并非雷军的理想事业，大学时的乔布斯梦想并没有熄灭。雷军关注乔布斯，也关注乔布斯推出的产品，他喜欢研究手机，从iPhone第一代推出开始就非常关注终端市场。受苹果公司的启发，雷军想投资或者收购一家中国的手机制造商。然而，他走遍国内所有的厂商，发现所有国内的终端离他的要求都有一定的差距。他觉得这是一个很好的机会，他决定要亲自来做，而且要做一家不同于传统手机企业的公司。2009年底，雷军40岁生日那天，他对自己说："开始干吧！"2010年4月6日，小米科技诞生。

小米于2011年8月发布首款手机，当年销售额为5亿元；2012年小米出货量猛增至 719 万台，销售额达 126.5 亿元；2013 年小米手机出货量 1870 万台，销售额 316 亿元；2014 年出货量 6112 万台，销售额 743 亿元。2015 年，小米出货量超 7000 万台。尽管 2015 年速度有所放缓，没有达到雷军之前期望的突破 1 亿台的目标，但是其单品出货量仍然毫无争议地占据了国内第一的位置。

2016 年 4 月 6 日，小米成立 6 周年，雷军在微博上写道："2010 年 4 月 6 日，我和一群小伙伴，大家一起喝了碗小米粥，一家叫'小米'的小公司就在保福寺桥银谷大厦悄然开张……"他当时可能自己都没有想到，6 年的时间能把小米做得如此受世人瞩目。

雷军用"互联网＋制造"方式做手机，既是对自己过去经验的一次反思实践，也的确起到了颠覆行业的效果。雷军说，行业的颠覆者往往不在行业之内，他就是从软件行业杀入手机行业而产生颠覆的典型代表。我们见到的雷军是一个谦虚低调的人，具有典型的"理工男"特质，他宁愿把时间拿出来实实在在做点事情，也不愿意去面对各种各样的应酬。然而他为了推销新产品，营销新话题，也难免说些豪言壮语，这些话却被媒体一再放大。甚至一些他从来没有说过的话、否认过的做法，都被标上了雷军的个人标签。比如饥饿营销，这是他完全否认的。

雷军是中国创业者中所做之事最像乔布斯的那一个。他做着极简的产品，小米一个品类往往以单品走天下，而不像国内其他厂商，产品类别举不胜举。乔布斯的产品讲究体验感，而小米也一直把体验感作为重中之重。就连小米的发布仪式，都非常明显地有乔布斯风格。在创立小米，经过一

前言

年零四个月的研发之后，2011年8月16日在798艺术中心北京会所的舞台中央，雷军以乔布斯的风格站在一样的大屏幕前，穿着跟乔布斯一样的T恤，面对粉丝"雷布斯"的疯狂呐喊与欢呼声，他或许有种穿越时空的错觉，仿佛他此刻就是乔布斯，仿佛他就要实现自己多年的梦想。

雷军无疑是企业家中的明星，其管理思想集中体现在他的互联网营销思想上。总结和研究雷军的互联网营销思维，对于今天很多的企业很有借鉴意义，甚至一些商学院对其进行讨论、学习、研究都是非常有必要的。2014年12月我随同时任《第一财经日报》总编辑的秦朔和摄制组去了北京的小米总部，第一次见到雷军，谈了许多关于他的互联网营销思维的话题，了解到一些不为人知的素材，也有一些他极想通过我们对外解释的误解。

这几年写雷军的书很多，但是大部分都是在讲故事，鲜有对其互联网营销思维按照理论框架进行全面总结的书。前者虽具有可读性，但缺乏深度和提炼。本书是"改变世界：中国杰出企业家管理思想研究"丛书之一，一开始写作时，项目总负责人复旦大学管理学院的苏勇教授就明确要求：一方面要兼顾市场读者的兴趣和接受度；一方面还要能供商学院的学生学习和课堂讨论之用，要具有理论深度，不能只简单地讲故事，还要挖掘出故事背后的管理价值。

在这样的写作原则下，本书放弃了以时间为线索的故事型写作路线，转而开始以系统总结雷军的互联网营销思想为主要目标的研究。简单来说，本书主要研究和总结了雷军在互联网环境下的营销思维，分为顶层思维、

雷军：乘势而为

产品思维、价格思维、推广与传播思维、渠道思维、互联网未来思维等六个方面。通过阅读本书，我们希望读者可以从一个全新的视角去看待雷军的管理思想及小米的成功。

这个世界没有毫无道理的横空出世。雷军在2016年央视播出的《遇见大咖》节目中说："任何人在任何领域成功，都需要一万小时的苦练。"雷军今日的成功不是简单遇到风口的结果，他的互联网营销思维也不是一拍脑袋形成的结论。

2016年，我们听见一些唱衰雷军的声音，也的确看到小米系在鼎力发展各类产品，冲击各种销售数字而似乎忘了一些初心。也许，雷军接下来要思考的是如何慢下来。但无论如何，今日的雷军和小米正如一股暗涌，在潜移默化地改变着行业甚至跨行业的格局。

目 录
Contents

|丛书总序|

|前　言|

|第一章| **顶层设计：决定商业逻辑的前提**　/001

　　精干的创业团队　/004

　　顺势而为与"风口的猪"　/009

　　"破坏式"行业颠覆　/015

　　小米营销的核心：口碑　/019

　　"群众路线"与激活参与感　/025

　　"小米系"的入口战略　/030

　　深度的扁平化管理　/033

　　极简工作法则　/036

　　互联网思维模式　/039

| 第二章 | **产品：考虑用户的基本利益** /043

　　研究百年企业的收获　/046

　　找最好的供应商打磨产品　/049

　　做强单款产品　/053

　　从生活的角度改善产品设计　/056

　　小米面对的"专利陷阱"　/061

　　产品生态链与投资布局　/065

　　终极产品逻辑：硬件＋软件＋互联网服务　/072

| 第三章 | **定价：在每一个价位段都是高性价比手机** /079

　　学习沃尔玛与好市多　/082

　　用优秀的员工降低成本　/088

　　研发的互联网模式　/092

　　去掉传统推广成本　/098

　　时间是一种成本　/100

　　小米系的免费与收费　/104

| 第四章 | **传播：超出用户预期，形成口碑传播** /111

　　以超出用户预期的方式形成口碑传播　/114

　　把产品"透明化"也是一种广告　/120

　　意见领袖建立传播信任度　/123

　　"粉丝经济"中的"经济"之道　/128

目 录

　　　社交媒体　　/132

　　　"海鲜生意"中没有"饥饿营销"　　/137

|第五章| **渠道：颠覆渠道规则**　　/143

　　　传统渠道不再为王　　/146

　　　从戴尔得到的启示　　/149

　　　抛弃层层加价的渠道规则　　/153

　　　网络渠道平台　　/158

　　　渠道中的小米"黄牛"　　/165

　　　假货之困　　/170

|第六章| **未来：思考和布局**　　/175

　　　未来是移动互联网的　　/178

　　　基于移动互联网的跨界颠覆　　/182

　　　不做计划赶变化　　/188

　　　智能设备是重要的商业载体　　/192

　　　雷军的"国民企业"理想　　/197

　　　国际化宏图　　/200

|后　记|　　/207

|参考文献|　　/209

xiii

第一章

顶层设计：决定商业逻辑的前提

> 我觉得我比较幸运的是四年前就构想了相当完整的宏观布局和顶层设计。这四年多的时间做下来，实际效果远超预期，执行得比我想象的更好，速度更快。
>
> ——雷军

顶层思维在这里是指商业中统筹考虑项目各层次和要素，在最高层次上寻求问题的解决之道，站在更高的层面上把握公司全盘、科学统筹，推动公司顺势发展。尽管从2010年4月小米创立，到2016年本书完稿，才刚过6年的时间，但小米却取得了很多企业几十年都不曾取得的成绩。2014年底，当笔者走进小米总部见到雷军时，他说："我觉得我比较幸运的是四年前就构想了相当完整的宏观布局和顶层设计。这四年多的时间做下来，实际效果远超预期，执行得比我想象的更好，速度更快。"正如雷军自己意识到的，如果没有一开始对互联网营销顶层思维的清晰把握，就没有后面的成功。小米科技的核心理念与目标都源自雷军及其团队的这种顶层思维。顶层思维与商业要素之间所形成的关联、匹配与有机衔接，决定着其商业逻辑及其可实施性。

在本章里，我们将总结雷军的互联网营销顶层思维，这也是整体了解他互联网营销思维的关键。

雷军：乘势而为

精干的创业团队

　　古语有云"三军未动，粮草先行"。对于雷军创立小米这件事而言，"粮草"就是创业团队成员。建立团队创业的目的，就是要通过整合团队成员的知识技能、资本与社会资源，来提高新创企业应对项目复杂性和环境不确定性的能力。创业团队成员构成是否合理，是取得成功的基础，这一点在科技公司身上体现得尤其明显。以往的工作经验让雷军深知，小米的创立尤其需要专业的高技术人才。

　　筹办伊始，雷军就希望这个公司今后能成为一家代表中国形象的大公司，名字一定要中国化。当时公司筹办会召开的地点是在五道口的逐鹿茶馆，里面有一个厅叫玄德厅。在商量团队名字的时候，有人说不行就叫"玄德"，但大家觉得"玄德"虽然很中国化，但不像个科技公司的名字。于是他们又换了一个名字叫"红星"，这个名字大家一拍即合，取意"红星照耀中国"。但是这个名字最终还是作罢了，因为后来工商局的人告诉他们，"红星"是二锅头的牌子。

　　后来团队商量了很久，决定干脆给公司取名为"小米"。一方面，小米是老百姓常吃的粮食之一，普通而不可或缺，一提起来会让人觉得很有亲近感；另一方面，"MI"也是"Mobile Internet"（移动互联网）的首字母缩写，指明了小米的方向。于是，小米就这样诞生了。

第一章 | 顶层设计：决定商业逻辑的前提

2010年4月6号，在北京北四环保福寺银谷大厦一个普通的小房间里，小米公司正式挂牌成立。14个人是这个公司创立时的全部阵容，其中有7人是核心成员。那天一大早，大家围在一起喝了一碗小米粥，就算是宣布公司正式成立了。说起那锅小米粥，小米公司现任副总裁黎万强应该是最有感触的，他的父亲为了他们这个"仪式"，早上5点就熬好粥送了过去。

后来，雷军曾笑言："这口熬粥的锅是小米的文物啊！一定要保存好。"到现在，这14个人没有任何一个人离开，仍然在小米任职。

2011年8月16日，小米团队发布了第一款小米手机，此时公司成立仅1年零4个月。按照雷军的说法，这款小米手机是"一款性价比极高的高端智能手机"。能够实现如此"小米速度"的，是小米公司堪称超豪华阵容的由8个联合创始人（其中前7位是早期的联合创始人，最后一位王川为后来加入）组成的团队。

我们不妨认识一下这8位联合创始人[1]：

黎万强：小米公司的二号人物，团队其他人都叫他阿黎。黎万强毕业于西安工程大学工业设计专业，刚毕业就在金山软件任职。历任设计总监、金山词霸总经理的黎万强成为国内人机交互界面设计的领军人物，后来成为小米品牌最重要的打造者之一。雷军在创立小米之前就想到了黎万强，而当时恰好黎万强也要辞职离开金山，打算自己去创业。雷军问他的打算，他说我想回老家开个影楼。雷军当时觉得他说得太不靠谱了，就要他跟自

---

[1] 小米市场高级总监魏来在2014年10月黑马-小米特训营上的分享《小米成长之道》，又名《关于小米的趣史和八大创始人》。

己一起干。不过雷军没想到他没有丝毫犹豫就答应了，问他为什么？黎万强说肯定是做手机。雷军当时也纳闷，问他怎么立刻就猜到了。他说："因为我特别了解你。"其实大家都知道雷军对手机的兴趣，因为以前雷军在金山工作的时候就特别喜欢购买新上市的手机，公司的高管经常能收到他送的新款的 iPhone。2014 年 12 月，黎万强宣布闭关，休假并思考小米公司的新战略项目。2016 年 1 月，黎万强重新回归小米团队。

林斌：公司总裁，负责供应链管理。他从 2006 年起担任谷歌中国工程研究院副院长、谷歌全球工程总监，直到 2010 年联合创立小米。林斌当时在与李开复的直接对接中对谷歌中国搜索全权负责，并组建服务团队进行工程研发。林斌对移动互联网的研究颇有造诣，这在后来小米的发展中起到了重要作用。他也是雷军创办小米最早的合伙人之一，之前在小米主要负责人事、法务、与重要的合作伙伴的战略合作、供应链和国际业务，后来接手小米网。

洪锋：小米公司副总裁，负责 MIUI 技术的开发。洪锋原来是谷歌的产品经理，分管谷歌音乐和谷歌 3D 街景地图。谷歌街景地图就是他和几位工程师共同开发的。雷军对他的评价很有意思：他似乎是一个很神秘的人，你很少能从他的表情里看到什么信息，他也很难为别人所改变。不可否认的是，他绝对拥有非凡的智慧。

周光平：小米公司副总裁，博士，负责手机硬件开发。周光平于 2010 年 10 月进入小米公司，负责手机硬件的开发。周光平曾任职于摩托罗拉美国总部，后来回国创办摩托罗拉的 RND 研发中心，任高级总监，同时他也是摩托罗拉亚太质量委员会的副主席。他具有极高的研发能力,在手机工程领域颇有声望。

黄江吉:小米公司副总裁,他最早在小米公司负责"米聊"业务,现在负责小米路由器和云服务业务。创办小米之前他曾在微软工作了13年,曾担任微软中国工程院开发总监。他同样具有优秀的科研能力,担任微软工程院首席工程师时还不到三十岁。

刘德:小米公司副总裁,设计师出身,毕业于Art Center College of Design(美国艺术中心设计学院),获得工业设计硕士学位。Art Center College of Design是世界著名的设计院校,从这个学校毕业的学生往往被世界各大公司争抢。在这所门槛极高的设计院校中,迄今为止中国留学生仅有20多位,刘德就是其中之一。刘德毕业回国之后创办了北京科技大学工业设计系,并担任系主任。现在他负责小米公司的工业设计和小米生态链业务,包括一些智能家居产品的投资等。

王川:小米电视掌舵人。其实王川之前办了一家叫"雷石"的卡拉OK设备公司,产品曾占领了中国市场70%的份额。2011年,王川带领多看团队开发了"多看For Apple TV"系统。2012年,他们开发出小米盒子。2013年推出了第一代小米电视。

这就是整个小米高管团队。8个人中,有6位是工程师背景,另外两位是设计师背景。此外,有5位是海归,曾任职企业是包括谷歌、微软、摩托罗拉在内的跨国大公司和金山等本土崛起的企业。

尽管有如此强大的"梦之队",但小米还是经常被冠以"无技术""无创新"等名头。雷军对此哭笑不得，他将此归结为一些同行或者一些人不了解小米。为什么这么讲呢？比如关于技术积累方面，雷军认为关键在于人才：小米的8个创始人全部有技术背景，平均工作经验20年，其中有5个人都曾在大型跨国公司工作15年以上，很少有企业能有这样的一个创业团队。谈到此，雷军带着一种无可奈何的口吻说："如果从销售员做起做到CEO（首席执行官）就是有技术，而做工程师做了20年还是没有技术，这无疑是荒谬的。"

以联合创始人周光平为例，他在美国读完博士以后，1995年就在摩托罗拉做第一代数字手机。几年以后，在他的带领下他们在中国建立了完善的摩托罗拉研发中心。如今，当时的这批人才全部在小米工作。2013年，前安卓产品副总裁，谷歌全球副总裁Hugo Barra也加入了小米。雷军认为市场严重低估了他们在技术上的积累。他讲到，整个公司除了客户服务部门以外，工程师几乎占到了80%。在小米，技术是最被重视的。

从中我们看得出，雷军选择的团队成员有几个重要特点：一是绝大部分都是技术出身，非常精通各自领域的技术特点；二是都有一定的管理经验，有的本身就是高管，有相当的组织管理经验；三是核心成员各自有自己的领域，相互补充而构成一个完整的以手机开发为中心的团队体系。

另外作为一个创业公司，小米员工的整体报酬在市场上是偏高的，这是因为小米对员工的要求也特别高。同时小米还分配了大量的股权来激励员工，小米接近70%的股权都由团队和员工持有，这在互联网企业也是罕见的。

第一章 | 顶层设计：决定商业逻辑的前提

顺势而为与"风口的猪"

一艘帆船如果顺风顺水，它不用费力就会航行千里；而一旦逆风逆水，无疑会举步维艰。"顺势而为"是一种行事的智慧，顺潮流而动，方能大有所为。雷军提到《孙子兵法》中有一个比喻："在山顶上有一块石头，我只需要顺势而为，过去踢它一脚，不用费力它自己就滚下来了。"关键要看清楚"势"在哪里，怎么把握。无论商场还是战场，不懂把握"势"的人毫无例外会输得很惨。世界潮流，浩浩荡荡，顺之则昌，逆之则亡。"势"，是难以抗拒的，做任何事情只有顺势而为才能取得非凡的成就。

雷军对"顺势而为"深有体悟。他对我们说："人家说四十不惑，而在顺势而为这一点上我是尤为不惑的。这一点也是我在 40 岁的时候才深刻体悟到的"。这是雷军对自己人生经历的一个深刻总结。

雷军出生于一个教师家庭。1969 年 12 月 16 日，他出生于湖北省沔阳县剅河镇赵湾村，这里地处江汉平原中部排湖北岸，他在这里度过了 9 年的童年时光。雷军从小就思维活跃，喜欢创造。他看到母亲每天晚上忙到很晚才点火做饭，就尝试自己制造一台电灯给她照明。他买来两节干电池和一只灯泡，装在自制小木匣中，再接上电线，一台可以四处移动的照明灯就做好了。这是湖区第一盏电灯，雷军晚上提着电灯跟随母亲围着灶台转，内心的成就感自不必说。

雷军：乘势而为

9岁那年，雷军全家迁往沔阳县城居住，作为插班生的他，在小学中成绩始终名列前茅。1984年，雷军初中毕业，考入当地最好的沔阳中学（现仙桃中学）。雷军在中学时非常喜欢下围棋，他的围棋水平冠绝全校。此外，他对文学也很有兴趣，经常阅读各类报刊。尽管爱好颇多，但是他的学习成绩总是排在前几位，是老师和同学公认的好学生。

1987年，18岁的雷军带着能上清华、北大的成绩，选择了武汉大学计算机系。上了大学后，雷军中午从不午睡，精打细算地安排自己的学习时间。你不能想象的是，他居然用两年完成了四年的课程学习，还包揽了所有奖学金。毕业后，雷军也是一路摸爬滚打，起起伏伏。他调侃说："改革开放30多年，我曾有过无数次机会，像20世纪90年代的深圳炒股热，海南的炒地热，比如……可惜我一个都没有捞着。"这句话是他在2007年离开金山之前的真实处境。雷军在金山工作了16年，他目睹了互联网行业的勃然兴起，看到一些人在这个领域赚得盆满钵满，而自己却始终处在尴尬的位置。他也在思考，一些人拼尽一生努力工作最终却回报寥寥，而一些人却在一片云淡风轻中成就了一番伟业。伴随着这样的思考，雷军曾经这样说过："金山就像是在盐碱地里种草，为什么不在台风口放风筝呢？"终于在2010年，雷军豁然开朗，剑指商场。他在顺势而为的深刻体会下，去努力开拓自己的疆土。

雷军说："我只要一认命，一顺势，就发现能够风生水起。而原来不认命的时候老干逆天的事情，那叫'轴'。"雷军认为，往往越能干、越有才华的人越喜欢标新立异，越喜欢"逆天"。当这些人经过这个社会的很多坎坷以后才知道，能力一般的人反而能成就一番事业。因为他们认识到大势是什么，顺应潮流往往容易取得成功。也许有时逆势而为可以成功，但是那是小成。雷军看了这么多成败，知道势头不对是很痛苦的一件事情。

无数事实证明，造势最难，借势其次，顺势最易。尽管顺势看起来不够有情怀，不够有英雄气概，但这的确是成功的正确路径。在当下的创业环境中，要想克服障碍，取得突破，必须对当前大势有清晰的认识，顺势而为。对本领域的发展情况和具体的政策措施要做到了然于胸，借助这些因素顺势而为。另外，要在整体的把握下积极营造有利于自己的环境，充分调动一切可以利用的资源。顺势而为，汇聚八方之力，成功不是难事。

雷军之所以对"顺势"有如此深的感叹，与他在金山公司转型中遇到的困难与思考不无关系。早在1998年，雷军就在思考金山软件怎样转型升级，一直思考到2005年底，他才觉得基本想清楚了。

勤奋和智慧绝不是成功的唯一要素，最关键的是机遇。这是他想得最清楚、最深刻的一点。他觉得这一点很重要，这是很多年轻人不一定想通的问题。有很多优秀的年轻人，他们很聪明、勤奋，死磕到底，但是对于大势的判断不够。

在对的时候做对的事情为什么重要？雷军说，时代性的产业变革会带来充分的机会，而这样的潮流会给你非常强大的力量。在这种机会和力量面前，你自身的能量就显得很微弱。拿雷军的话来说，他之前都是不成功的。2004年，他把卓越网以7500万美元的价格出售给亚马逊。在卖公司的半年时间里，他在想自己也不比别人笨，至少也比别人勤奋，为什么我做个企业就这样弯路不断？而马云、陈天桥他们就那么顺风顺水？

他想的问题是："我能不能在成功路上容易一点？"因为跟他打江山的兄弟们有好几千人，大将能累死三军，他不能让整个组织陷入苦战的境地。一番艰难之后，他最终找到了解决之道——顺势而为。

他自己调侃的那句话流传很广，就是"猪站在台风口也能飞"。对于雷军而言，创立小米的风口到底在哪里呢？当时的风口是要开3G了，随着带宽速度的提升，智能手机将会有巨大的市场。

基于这个事实，2006年雷军推断移动互联网市场将比PC（个人电脑）互联网市场大10倍以上。所以在整个第一代移动互联网拓荒者里面，雷军应该是主力的投资者。他那时投资的手机浏览器UCWEB在2014年以43亿美元的价格卖给了阿里巴巴。

2007年苹果iPhone推出，雷军对此极为敏感。iPhone第一代一发布，雷军就买了20台送给他的朋友们一起用。雷军觉得iPhone对手机行业是一场革命性的颠覆。2008年9月，第一台谷歌安卓手机G1问世，雷军找朋友在香港买到拿来用了一下，觉得这又是一场革命，一场类似于PC对WEB的革命。

雷军曾经这样预测苹果和安卓的竞争：在市场的激烈争夺中，安卓将略胜一筹，但苹果也将占据重要地位。由于智能终端对于整个移动互联网影响很大，所以他开始想要开创一种硬件和软件结合的模式。

基于对移动互联网行业的摸索，雷军体会到移动互联网是软硬一体化的体验。他开始研究终端，走遍国内所有的厂商，希望投资或收购一家手机公司，但考察的结果是"所有的终端都不够好"。雷军说："没有合适的企业，对方想做的和我要做的很不一样，改变观念是最难的事，一张白纸最好画。"2009年底，雷军40岁生日那天，他对自己说："开始干吧！"次年4月，小米科技诞生。

雷军谦虚地认为，整个小米之所以发展这么顺利不是他自己多厉害，也不是小米公司多厉害，而是形势比人强，他们就是一头在台风口飞的"猪"。

雷军认为，风口助你飞出去后，你要保证自己还能继续飞，不能持续飞就会摔得很惨。HTC原本只是个代工企业，但是它充分利用安卓系统，在一早就打出了智能手机的好牌，在这一领域夺得先机。2011年，HTC凭着它捷足先登的优势拥有10%以上的全球市场占有率，在很多国家的手机市场中占据相当大的份额。在很短时间内跻身手机市场的HTC，一度超越了当时的诺基亚。然而这样的风光并没有持续很久，HTC很快就显得后劲不足。在十多个季度业绩持续下滑之后，它的市场占有率严重下降，全球市场占有率仅有2%，从此一蹶不振。

我们见证了HTC从火爆到寥落的过程，它的成就似乎只在于其对安卓系统的充分运用上。而它在完成了对智能手机的推广之后，由于自身的各种问题，很快就没落了。

它就像是超新星，只在爆发时才有瞬间的光彩，之后便走向了平庸。在大势的狂风中，这头"猪"一飞冲天。可惜，这头"猪"没能坚持下去，终究又跌落回了地面。对于"飞猪"理论，往往被媒体和创业者误解，

雷军：乘势而为

2016年3月，雷军在中央电视台对此做了一个回应。他说听者往往忽略了一个前提条件，就是这些"猪"都是练过"功夫"的，是有积淀的，而不是随便一个创业者站在风口就能成功。如果没有基本功，空谈"飞猪"就是机会主义者。

2016年，面对虚拟现实和智能机器人的风口，雷军在公司年会上说："我们决议抽出一个小分队，起头筹建小米摸索尝试室，早期重点投入虚拟现实和智能机械人等新方向，为小米的成长奠基下一个台阶，也为所有喜好科技的人们提早发现将来。"

几经沉浮的雷军对这次时代给予的机会异常珍视，在他看来小米的成功得益于中国改革开放30年的红利。中国是一个制造大国，30年来制造能力、工程和研发实力有了很大的跨越式进步，正是在这样的机遇之下，小米抓住机会，迎风而起。并且随着中国经济的发展，企业的资金实力也在不断增强，小米能在短短四年里快速崛起，很大程度上得益于充足的资金。这些均是雷军所利用的"势"。

在学术研究上，关于创业机会的来源，主要有外部环境变化观点、信息不对称观点等理论。首先，外部环境变化观是创业机会来源的主流观点，这也正是雷军的观点。对于环境变化的创业机会，可以来自创新变革、政治与规制变革、社会与人口变化、产业结构变化等因素。其次，信息不对称观认为信息不对称是创业机会的重要来源。信息不对称引起的创业机会之所以存在，是因为掌握较多信息的人比其他人更容易做出有商业创意的决策。雷军的创业，一方面十分肯定环境对自己创业选择的重要作用，但是另一方面他并没有利用信息不对称，而是在打破信息不对称，例如他把手机成本一项项解剖开来给消费者看，而不是像之前的手机商一样故意隐藏手机的制造成本，以便谋取更高的利润。当然，对于雷军而言，这或许是利用信息不对称进行创业的另外一种方式。别人在利用信息不对称，而他在打破。关于这一点，我将在第二章介绍雷军的互联网产品思维时再做进一步的阐述。

"破坏式"行业颠覆

关于小米的"颠覆论"不绝于耳，那么小米究竟颠覆了什么？很多人都将注意力放在了小米手机的价格上。小米手机的价格改变了智能手机昂贵的局面，人们不用付出昂贵的代价就能用到高质量的智能手机，这无疑是一次突破。在很大程度上说，小米手机凭借其亲民的价格、高质量的配置改变了手机行业。

小米颠覆了传统营销模式，一直是人们津津乐道的话题。小米品牌的营销从不采用大规模投广告的传统方式，而是更注重和用户之间的沟通。雷军深谙互联网中强大的粉丝力量，小米不但会在网上广泛征集粉丝对产品研发的意见，而且会遵从网民的呼声对小米产品进行系统升级。在互联网经济中，雷军成功打造了符合市场需求的产品与品牌，之后再利用互联网进行分发和销售。在小米这种颠覆式营销手段下，一些传统手机品牌感觉到巨大的压力，也开始在一些方面进行效仿。

《第一财经日报》原总编秦朔这样评价："小米有一个很大的贡献，就是真真正正站在了消费者的立场上。小米要提供给消费者的是他们应该享受到的最好的产品和服务。"从这个意义上讲，许多对小米的质疑就显得站不住脚了。不过以前很多人还对这种质疑深以为然，比如有某世界级奢侈品公司的中国 CEO 说：我们就喜欢苹果，不喜欢小米，因为苹果能够把一个只值一两千元的东西卖到五六千元，非但如此，它还有频繁的更新换代，它的这种模式为整个行业创造了很大的利润空间。而小米把价格打得这么低，他一家成功了，下面可能会死伤无数。但是如果说换个角度站在消费者的立场上来看，这些原本的效率、服务、质量意识就应该是被创造性破坏，就应该是被颠覆掉的。

雷军认为，小米就是要颠覆掉那些传统低效的行业，产业结构必须要升级。他举了一个插线板市场的例子：全国有三千家生产插线板的厂家，但却鲜有公司着力生产高质量的产品，而是都在努力地拓展渠道，进行各种推销。一个插线板成本只要20元，定价却是200元。消费者要买的是产品，而不是200元的面子。虽然中间各种各样的名堂都有，但最关键的部分并没有做好。雷军觉得如果整个产业都被困在低效运转的死循环里面，不但产品品质上不去，消费者利益也会受损。整个行业表面上看起来很热闹，但实际上强度根本不够。一个插线板真的需要三千多家公司做吗？小米要做的，就是在手机行业甚至是整个科技行业加速升级的进度，加大升级的力度。他认为如果没有这种外力，整个产业都难以有质的突破，很多企业都会在重复的生产中浪费社会资源。

毫无疑问，以雷军为代表的互联网大佬们正在颠覆着传统行业。在互联网上各种资源可以无障碍沟通，这是传统方式实现不了的。如餐饮业，像黄太吉、五味餐厅等，都已经不是从前的样子了。

以现在很多餐馆为例，老板都深谙互联网之道。他们将厨房中饭菜的制作呈现在客人面前，使之透明化、程序化，从而使得流程清晰、具体，并最终使餐厅的运行高效、标准而且赚钱。

地产行业一直被认为是一个传统、踏实的行业，但如今互联网会改变包括地产在内的一切传统行业。地产企业开始和互联网金融合作，而互联网也开始涉足房地产，更进一步的一个说法是"互联网要消灭酒店"。这听起来有一点儿不可思议，但是却是实实在在正在发生的事。传统行业在互联网的大潮下不断被颠覆，从经营理念到赢利模式，都在不断发生着变革。

移动互联网浪潮正在以一种改变与颠覆的力量席卷着当下的经济、生活。从智能手机的普及到社交网络的蓬勃，从大数据概念的兴起到O2O模式的流行，互联网在任何一场信息领域的深刻变革中都不曾缺席，互联网带来的智能化改变是直接的推动力。在这样的信息时代中，很多传统行业也不得不重新思考自己的发展方式。无论是电信、金融、传媒、房产、医疗等传统高壁垒行业，还是旅游、餐饮、零售等典型的消费经济领域，它们无不在不断的发展中被互联网渗透。行业间的壁垒被打破，信息开始快速流动，而传统的价值链条也在破与立之间完成了新的构建。移动互联网是很多行业需要顺应的大势，随着互联网思维和大数据的深入，各个产业领域都在寻求和打造新的平台和机会。

当然，雷军同时也在不断强调，有些东西是绝不会被颠覆的。互联网不能颠覆"实物生产"。归根结底，互联网只不过是网上运行的一片"虚拟云彩"。互联网只是扮演了一个平台，没有实实在在的东西，互联网也没有了存在的必要。我们虽然可以在网上买来各式各样的商品，但网络本身并不生产商品；我们虽然可以通过网络消费很多服务，但是服务却是深藏在网络之下的客观存在。因此，我们在享受网络的巨大便利之时，更应重视实物生产。

互联网不能颠覆"品质第一"。雷军认为，"品质是基础，否则互联网的行业颠覆就是一句空话。"互联网虽然可以在很多领域代替人工并节约相当大的成本，但是企业竞争最终还是要依靠优质的产品。网上购物与在实体店购物并没有实质性的区别，人们关心的都是质量。网络带来的只是企业和个人的工具性便利，互联网之下的企业竞争和产业模式的核心永远是提供高质量的产品。

人性和人的需求是不会改变的，而作为工具的互联网同样不能改变这一点。行业的发展永远要立足于消费者的需求，要从消费者的角度去开展生产活动。无论互联网带来多大的变革，人的基本生活需求却始终如一。人们依旧需要优质的衣食住行，依旧需要优质的精神文化产品。也正因如此，在互联网浪潮中有所颠覆的同时也要有所坚持。一个企业要取得长远发展必须要知道哪些是要变的哪些是不变的，这是智慧也是常识。

第一章 | 顶层设计：决定商业逻辑的前提

小米营销的核心：口碑

口碑最初是传播学的概念，后来被市场营销广泛应用。口碑营销是指企业的产品信息和品牌是通过亲友的交流进行传播的，这种人际传播具有大众传播不具备的优势，最直接的优点就是信息的可信度高，人们往往对通过这种方式得到的信息更加确信。这种传播在朋友、同学、家庭等亲密的群体中发生，他们这种稳定、良好的关系加深了传播的影响。也因此，一个良好的口碑决定着一个产品或者一个企业的长远发展。

其实早在小米之前，谷歌就深谙这个道理。2004年谷歌推出了Gmail电子邮件，它的推广就完全得益于这种口碑营销。刚开始谷歌只提供了几千个Gmail的试用账户，想要试用的人，必须有人邀请才行。这些数量有限的"邀请码"在很短的时间内流行开来，这种稀缺性极大地提高了它的价值，人们甚至以拥有一个Gmail账户为荣。正因如此，它受到了很多人的热捧，甚至出现了高价买卖Gmail账户的现象。

口口相传的传播效果被越来越多的企业和电商重视，不少产品就是在这样的途径中走进了人们的生活。以"韩都衣舍"为例，它依靠其优质设计和质量成为女性用户推荐分享的重点品牌。又比如坚果品类的淘品牌"三只松鼠"，它同样是在良好口碑的传播中越做越大。

传统的商业营销存在着明显的偏差，以往的传播就是砸广告做公关，凡事就是比嗓门大。但是新的社会化媒体极大地改变了传统的信息传播方式，互联网和数字技术的进步使得传播速度以秒为单位计，海量信息蜂拥到人们面前。人们在获取信息的同时，也掌握了更为便捷的信息传播渠道，消费者不再是被动的消费者。新媒体时代，每个人都掌握了传声筒，人们可以将自己的意见快速而广泛地传送出去。因此，一件产品的优劣不再仅仅由商家自己定义，而是由消费者说了算。不论是好消息或坏消息，大家很快就可以通过社交网络分享。这一点，对于长期观察互联网的雷军而言，是了然于胸的。

在雷军还没有对口碑营销有具体的感知之前，他曾多次直言，对其影响很大的一家公司是海底捞。他有一次在机场书店里看到一本书，叫做《海底捞你学不会》。他很好奇就买了一本，在飞机上看了一路。看了3个多小时以后，他觉得他有所领悟了。海底捞讲的东西，归根到底其实就是口碑。很多人觉得，口碑就是好东西，就是便宜的东西，而雷军觉得其实口碑的真谛是超出用户的预期。当你做得比用户期待的还要好的时候，你就赢了。

说起海底捞，雷军讲起了一次自己的经历：有一次雷军在海底捞吃饭，由于西瓜没有吃完，于是他就问服务员能不能打包带走，但是服务员表示不行。既然如此，雷军就想作罢了。不过在他过去结账的时候，意想不到的事情发生了，服务员竟然给了他一整个西瓜，并解释说，因为那些切开的西瓜打包不卫生，要送一个完整的西瓜。

这次经历让雷军感触颇深，他觉得从这点就可以发现，海底捞口碑的核心就是超预期。

口碑使雷军真正参透了商业和客户的关系。从经验上来说，商业和客户的关系是对立的，客户希望买到好的东西，希望买到便宜的东西；而企业希望多挣钱、提高毛利率，这本来就是矛盾的两面体。按照传统的经济学中市场供求均衡的理论，价格就是在双方的讨价还价中产生的。而雷军要做的似乎是把公司看作供方，把消费者看作需方，把二者变成一个利益共同体。雷军觉得，小米就是要提供高质低价的产品来跟用户做朋友。很多人向他买产品时问能不能有一点折扣，雷军则说我们这个真的是成本价，绝对没有折扣。这就是小米的经营模式，客户了解了就不会再要折扣。

雷军说，很多企业在学小米，但是他们学的只是表面的东西，并没有认知到小米的核心理念。小米的精髓就是口碑，是把产品、把服务做好，而且把用户当朋友般对待。

从这方面来说，一个用心做的产品，只要不是想"宰"消费者，一两千元的东西卖五六千元是没有道理的。一两千元的东西就真正只卖一两千元，那么你很快就会有真正的粉丝，用户就会真正成为你的朋友。

我们可以看到，有一些具有悠久历史的传统产业至今仍有巨大的活力，它们有一个共同的特点，那就是打造自己的良好口碑。一家企业想要获得巨大的影响力，核心问题就在于能不能真正做出口碑。那么，想要具有良好的口碑，用户和企业之间，到底什么样的关系才是最理想的？

不同的用户有不同的需要，也有不同的选择取向。企业要考虑的，是你如何让消费者选择你的产品，如何让广大的用户为你的产品主动传播。

我们应该了解，是人与人之间的信任关系直接促成了社交网络的建立，信息的流动就是信任的传递。因此，企业一旦与用户建立了较高的信任度，企业的口碑就会越来越好，得到的传播也会越来越广。因此，要把企业与用户的关系看作朋友的关系，设身处地，肝胆相照，这样建立起来的关系才是支撑企业发展壮大的关键。

那么，雷军是如何实现小米的口碑传播的呢？

2011年6月，小米开始找手机的营销负责人，然而并没有找到一个能真正理解小米手机互联网理念的人，最终公司决定由黎万强亲自负责。黎万强接手后，想从其他品牌的营销中找到思路，他集中分析了凡客和OPPO的营销策略。凡客单打一线，集中力量在全国主要的路牌上投放广告，这一方法直接而有效；OPPO则是借助强势电视节目，通过国内知名的娱乐、音乐等节目进行广泛的广告覆盖。最终黎万强决定效仿凡客，在国内主要路牌上投放广告，并做了详细的营销方案。然而，这方案被雷军直接否定了，雷军希望小米的营销有效而不用花一分钱。于是，黎万强就只能死磕社交媒体了。

长期的经验和思考让雷军洞察，社会的消费类型正发生着这样的演变：功能→品牌→体验→参与。而小米公司所处的互联网时代，正是强调参与感的消费环境。在互联网的背景下，这些用户的反馈会即时快速地返回到开发团队当中，以前的时代不具备硬件优势，而现在这种反馈可以很轻易地实现。

雷军经常这样考虑，如果一个用户对某一产品提出了一些意见，然后在新产品发布后就发现它根据自己的意见进行了调整,那他会是什么样的心情呢?这种考虑后来成为小米的核心理念。此外,小米要求整个团队都必须先成为自己产品的粉丝。通过这样的方式,团队与一部分用户都在反馈产品的不足,在迭代开发的模式下就能够像顺藤摸瓜一样抓住真正的需求,走对方向。

在口碑品牌的传播方式上,小米认为是先有忠诚度,才会有美誉度,最后才会有大面积的知名度。与传统的品牌构建顺序相反,小米先寻找核心的粉丝用户,通过口口相传逐步建立品牌。在互联网时代,口口相传的速度也许只在几分钟之内,你只需要点一个"分享"按钮就可以了。实际操作中,是通过好的产品加上给用户参与产品迭代的权利,建立起一部分核心用户群,到达一定规模之后再经营品牌的知名度。根基牢固之后,就不用担心品牌的大范围传播了。例如非常明显的一个现象,很多人会无视电视节目前重复播放的垃圾广告,但他们会选择注意朋友圈里的分享与推荐。小米正是看清了这关键的一点。

那么口碑传播真正的原点在哪里?往常的经验是无论怎么树立品牌,怎样进行口碑传播,足够的广告是始终绕不过去的,甚至广告是一切的关键。在过去,没有好的广告策略,很难想象如何去打造一个品牌和这个品牌的口碑。但是在今天,雷军认为一个企业想要打造良好的口碑,关键在于好产品,而不是广告。优质产品是决定性的因素,是必须要打好的地基。没有掌握优质产品,再怎么做好品牌营销都是毫无意义的。

产品本身是小米如今口碑的唯一来源,因此,将小米的主要功能特点表现出来就是关键，只需要针对产品本身进行详尽而有针对性的说明就足够了。虽然雷军对于新品发布会格外重视，但他关注的焦点绝不在发布会的外在形式上。他经常说，只要把产品本身做好就已经成功了一大半。这与很多大企业是完全相反的逻辑，一些4A广告公司在定义新品发布时，往往会把大部分精力用在"大概念"和形式感上面。

有一个显著的现象，很多经营者对自己产品的抽象理念可以阐述得异常生动而细致，但是对于最关键的产品参数却一无所知。对此，雷军做出了严格的措施来杜绝。

在提炼出核心卖点后，小米会在PPT和产品站上下足功夫。雷军对小米营销人员的要求是"对产品和技术的了解要不亚于工程师"。在很大程度上来说，营销人员与设计师是一体的。设计师对产品的设计必须具有符合用户需要的卖点，而营销人员必须对此有准确的把握。营销人员需要将产品的完整说明传达给用户，用具体而准确的描述呈现给用户这款手机的所有特点。只有在这样的基础上，用户才能通过自己的价值选择认可这个产品。

在口碑的互联网传播途径上，小米主要依靠微博、微信、QQ空间、论坛等途径。小米对每个营销途径的特点、相应用户群体的特点都了解得一清二楚。当然，产品设计篇幅也体现出他们对手机用户的研究与把握都是相当到位的。什么样的平台上盘踞着什么样的用户，适合做什么样的营销活动，他们都了然于胸，做到知己知彼，百战不殆。

面对2015年小米增长速度变缓这一问题，雷军在2015年12月乌镇世界互联网大会上接受采访时强调："不允许内部再去强调小米销量第一这个事情,用户喜欢才最重要,把东西做好最重要。"由此可见雷军对用户口碑的重视。

"群众路线"与激活参与感

学术界对顾客参与的定义是:顾客以生产者的角色参与到产品或者服务的生产过程中,以此获得个性化、情感和自我创造、自我实现上的满足。顾客参与绝不是简单的个人行为,它对企业的发展有着不可估量的作用。由于顾客的直接参与,他们的意志在产品中得到体现,从而在提升客户满意度的同时促进新产品开发,提升企业绩效。

大多数企业管理者都知道倾听顾客意见对生意有益,了解顾客的意见并积极让他们参与进产品生产中将会推动企业的发展创新。而这种参与也必须是一种实际性的行为,绝不能停留在形式上。首先,必须转变观念,积极寻求顾客的参与。其次,必须建立行之有效的顾客参与机制,让他们的意见得以传达并使之落实在生产中。不过,虽然倾听顾客是句老话了,但一些公司的顾客参与要么是流于表面,要么是由于渠道的不畅难以形成有效参与。

企业往往更愿意鼓励顾客帮企业说好话,而不是让他们分享自己对公司或其产品的看法。对于顾客的一些意见,很多公司也往往持审慎态度。

相当部分的企业没有把老顾客当作老朋友来倾听,而只是想利用他们获得更多用户。有时美其名曰让他们提出建议，也只不过是想把他们变成品牌的布道士而已。然而小米却极度重视和鼓励顾客参与，并借此在营销和产品创新上取得了巨大的成功。

消费者选择商品的决策心理在这几十年发生了巨大的转变。用户购买一件商品，从最早的功能式消费，到后来的品牌式消费，到近年流行起来的体验式消费，而小米发现和正参与其中的是全新的"参与式消费"。

很多人好奇小米是用什么方法让口碑在社会化媒体上快速引爆的。对这个问题，小米给出的答案有三点：第一是参与感，第二是参与感，第三还是参与感。互联网思维一度被各行各业奉为制胜法宝，但是真正的互联网思维就是要打造良好口碑。口碑的建立必须立足用户，用他们的视角和观点进行生产和营销，尤其要让用户参与进来。上面已经说过，要和用户建立朋友之间的信任关系，企业和用户的相处就是要做到分享和参与。让用户参与到产品的制作、服务、营销等各个领域中，让用户有主人翁的感觉，实现用户和品牌的共同成长。小米内部有一个"参与感三三法则"，即三个战略：做爆品，做粉丝，做自媒体；三个战术：开放参与节点，设计互动方式，扩散口碑事件。

- "做爆品"是产品战略。用力要集中，在产品规划中要集中力量生产一个品类。一方面是对资源的高效利用，另一方面也是要全力在市场上打造出拳头产品，在市场上占据自己的领地。此外，聚集起来的产业链在聚拢资源的同时，也将极大地吸引广大用户，从而实现参与感的深层介入。

- "做粉丝"是用户战略。粉丝经济的力量不可小觑，粉丝消费的强大购买力往往在一定程度上支撑着一个行业的繁荣。小米的粉丝文化首先就是让要员工成为品牌的忠实粉丝，在此基础上再进行粉丝的拓展。另外要让用户在获益的同时，在深层意识里认可产品并进行主动的传播，这也是粉丝群拓展的一个主要方式。在双方互利的基础上，往往能建立更加深入的了解并加深参与感。

- "做自媒体"是内容战略。自媒体打破了传统媒体主导传播的局面，新的传播环境中每一个人、每个组织都可以迅速便捷地发出自己的声音。做自媒体就是要让自己的理念、产品得到更广泛的传播，从而建立联系，加深了解。首先要着力打造企业自身的自媒体平台，进行强势传播。另外，要让信息流通更快，让信息传播结构扁平化带动内部组织结构的配套扁平化，让员工和用户成为自媒体的主体，通过他们的声音扩大产品影响力。

- "开放参与节点"就是要找好用户参与的地方。用户的参与必须建立在企业和用户共同利益的基础之上，为了双方的利益就需要将从产品生产到产品营销的全过程公开，从中选取最有效的参与节点。

- "设计互动方式"，互动方式是吸引用户和留住用户的关键。要根据具体的内容具体设置互动方式，这种设计必须遵循一般的游戏规律，做到简单、有益、有趣，同时要有及时的更新。

- "扩散口碑事件"，最简单的表述就是要让好故事、好口碑形成螺旋扩散式的风暴效应。这需要有对相关话题的敏锐感知和传播能力，最终形成良好口碑的大面积扩散。

这些都是小米关于参与感所总结出来的精髓，也是小米在顾客参与中实实在在做到的。

为了让用户更深入地体验小米开放做产品、做服务的企业运营过程，小米第一个发动了"人民战争"，做了 MIUI 系统。整个过程是静悄悄地干的，是在一个简单的圈子中完成的。互联网为这场"战争"提供了绝佳的战场，而用户在其中居功至伟。

2010 年 8 月第一版 MIUI 发布时，小米只有 100 个用户，他们是最早的核心用户。通过不断扩散，MIUI 如今已有超过 6000 万用户。小米尤其重视核心群体的口碑，这种口碑是通过它对初期用户的纯粹度和忠诚度的保护实现的。当时曾有人建议小米做一款 MIUI 专用的刷机软件，被雷军否定了。他坚持认为应当专注于"发烧友"用户的召集，保持早期种子用户的纯粹性，如果一般的"小白"用户过早大量涌入，MIUI 初期的核心群体口碑积攒能力就可能受损。真正的发烧友关注什么？一言蔽之：新奇特、高精尖。产品在某一方面做到极致，就自然能得到发烧友追捧。只要性能突出，个性鲜明，自然万人追捧。

发烧友中的舆论领袖是口碑营销的关键，经过他们的二级传播，产品信息将会具有很强的说服力。在微博、微信等网络社交平台上，发烧友的作用也得到了进一步扩大，所有人都能非常容易地得到推荐。更何况，小米要做的手机、电视等产品，都是标准化的大众市场产品，这也使小米得以在最大范围内围绕发烧友进行口碑营销。

一些公司对自己运营社会化媒体没有信心，于是交给一些外包公司来做；有的则是将这些运作交给营销部门的几个人来简单经营，这些没有投入的尝试注定收效甚微。但小米对这一块儿很重视，它在新媒体平台的运作上投入了上百人，并把这些新媒体当作最重要的营销平台。

找什么人来做社会化媒体，小米的做法也算是反传统。一般而言，一个企业社会化媒体的运作往往由传统的营销人员来负责。但是小米却并非如此，因为它的社会化媒体要做的是内容呈现。雷军对社会化媒体负责人的要求很明确，首先要做到产品经理，因为不懂产品就不知道该怎样宣传。

出于提高用户参与感的目的，雷军对员工的业务水平也提出了很高的要求。前面也有提到，小米的营销人员必须像设计师一样了解产品，因为只有这样才能从这个过程中挖掘到真正对用户有价值的特点，这一点在客服部门也得到了验证。传统的客户服务都会通过培训教给员工一套标准答案，但是小米的客服要求却不仅如此，它要求客服人员掌握标准答案但却不能拘泥于标准答案。因为你面对的是活生生的人和具体的问题，这就要求你说"人话"，要根据具体问题灵活应对，绝不能僵硬古板。这一点在其社会化媒体上体现得更加明显。正是小米在各种细节、各个层面对顾客参与的重视和强调，小米才得以在用户的建议中不断改进，不断发展壮大。

一般而言，服务型企业多会强调顾客参与，因为顾客参与服务的根源就在于生产与消费的不可分离，顾客参与服务的生产和交付，服务的履行和质量离不开顾客的贡献，服务结果在相当程度上依赖于顾客的参与和合作。但是，小米作为一家科技产品型公司，把顾客参与提到如此高的地位源于雷军对互联网特性的把握。随着顾客对个性化的追求和网络社区的发展，顾客参与正成为一种生产消费趋势，甚至学术界出现了产消者（Prosumer）一词，这反映了营销从产品主导逻辑向服务主导逻辑的一种转变。从顾客在企业中的角色演进来看，顾客参与对企业发展不仅是不可避免的，也是必不可少的，鼓励顾客参与也已经成为一项前沿的企业竞争战略。但是全面的顾客参与也会给员工带来工作压力和重负，导致整体产品或者服务提供的效率降低。这一点，也是雷军的团队需要考虑的问题。

"小米系"的入口战略

说起小米系，就不得不先说一说"腾讯系"。"腾讯系"以QQ为入口，不断拓展产品线，把旗下各个产品连接起来，对小米系产品的拓展有非常重要的借鉴意义。下面我们先来看看腾讯在短短17年里是如何一步步发展完善其产品线的。

1998年，软件工程师马化腾模仿以色列即时通讯软件ICQ，研发中文版OICQ，正式创立腾讯。2001年，更名为QQ的这款软件已经有了5000万的用户。虽然用户量巨大，但当时腾讯尚无成熟的赢利模式，它也因此差点被出售。后来在中国移动"梦网"创业计划的契机中，腾讯找到了通过电信增值服务向用户收费、虚拟商品销售及"Freemium"（免费增值）三种模式，开始了"流量变现"的尝试，捞到第一桶金。到2004年腾讯上市当年，其移动增值业务的总收入上升到6亿元，实现了超过60%的毛利润。以海量用户为基础，腾讯在上市之际构思了几个重要的战略方向：

- 首先是腾讯门户网站。财大气粗的腾讯迅速打造了高质量的新闻门户网站，并以其良好的用户体验成为国内最主要的门户网站之一。另外，它也通过客户端弹窗、微首页、小窗口等形式来推荐自家门户网站。腾讯又在地方门户、垂直门户、微博、视频、客户端广告、搜索等媒体形式上发力，并开始整合旗下产品的媒体资源。

- 其次是腾讯的网络游戏。2003年腾讯首推QQ游戏客户端，凭借多元的推广途径和方式，它迅速占领了休闲游戏市场份额，超过了当时市场份额第一的联众游戏。2004~2007年，"QQ幻想""QQ宠物""QQ音速""QQ三国"等游戏相继推出。尤其值得注意的是，腾讯在2008年推出"穿越火线"和"地下城与勇士"后表现出了惊人的赢利能力。极强的赢利能力带来的资金积累，为腾讯的发展提供了更多的战略选择空间。

- 最后是微信与QQ空间。2005年前后，博客开始流行，其用户生产内容（UGC，User Generated Content）的特性非常符合"去中心化"的互联网精神，吸引了众多风投。腾讯的防御方式更为简单粗暴却非常有效——直接为所有QQ用户在面板上开通一个QQ空间。到2008年3月，QQ空间的单月活跃用户也已过亿，遥遥领先于新浪和人人网等。在很长一段时间内，其用户数都一直超过Facebook，成为全球用户数第一的社交网站。到了2011年，QQ空间已经和"穿越火线""地下城与勇士"一起，成为腾讯前三大利润来源。微信在创立后，很长一段时间的也找不到赢利模式，最近才找到投放广告的方式。腾讯在搜索和电商领域仍然在寻找突破的机会，"财付通"和"搜搜"在推出之后也在腾讯的整体业务格局中扮演着重要角色。

其实，从雷军近些年的战略布局中，可以看出他一直都在寻找像腾讯QQ或者微信这样的入口。首先，浏览器作为兵家必争之地时，雷军作为UCWEB董事长抓住移动互联网入口，抢了一个当时的制高点，支持所有手机操作系统。接着，雷军研发布局手机操作系统入口MIUI，抢占在手机分发和捆绑软件方面的最强话语权。小米的成立，标志着雷军找到了更深的一个入口。

势头正猛的小米，其目标和战略也远远不止步于小米手机。目前很多传统的手机厂商在手机行业发展了一二十年，取得了不错的成绩，但它们的模式都止步于把手机卖出去，而小米则不同。小米手机只是雷军布得一个更大的局里面的一个道具，或者说，是一个平台，最终做成一个入口级新的商业生态。这和腾讯以QQ作为入口不断延伸发展的战略模式有很多相似之处。

小米把手机卖给客户只是生意的第一步，这也是小米和其他传统手机厂商最大的不同。雷军曾介绍说："传统厂商把手机卖给你，你最好不要再找我了。而小米希望的是卖给顾客的手机顾客每天都用，我们和顾客天天见面，这样我才能有衍生收入的机会，不然的话这个公司就成搞慈善的了。"这也是小米关注用户体验和口碑的程度远超同行的原因。小米以近乎平价的价格把手机卖出去的目的并不单单只在卖手机本身，对小米来说，获取尽可能多的客户才是最重要的。只有获得更多客户的认可，小米才能有机会和途径做衍生收入,这是一个庞大的工程。

目前小米已经建立起了两个平台:一是移动互联网平台,二是电子商务平台。这两个平台将会是小米未来发展的主要支撑。

经过长期的努力和布局,小米在移动互联网平台方面的收入已经非常可观了,这也使得小米的经营模式形成了一种正向的循环:高性价比的手机获取了广大的用户群,并依靠这个庞大数量的用户群建立起一个平台,并进而推动包括手机在内的智能硬件业务的发展。

按照雷军的思路,小米目前在致力于打造"小米生态圈"。"小米生态圈"包括电商平台、智能硬件和移动互联网三个部分的内容。小米为了保证自身的专注,目前仍然只保持手机、平板、路由器、盒子、电视五个产品线。但同时小米已经投资了55家公司,包括智能硬件、软件、互联网服务、内容这四个方面,这些都是小米生态链的重要环节。

深度的扁平化管理

扁平化管理是这样一种管理方式:通过增加管理幅度来应对企业规模的扩大,而不是增加管理层次。这种管理幅度增加而管理层次减少的方式,使企业组织形式的金字塔被压缩为扁平状,从而解决了企业因为层级过多而导致的问题。

"层级结构"与"扁平化"是两个相对应的概念,我们先谈"层级结构"。

传统的组织结构表现出"层级结构"的特点：一个企业，呈现出高层、中层、基层这样的金字塔状结构。位于金字塔顶的董事长和总裁发出指令，指令通过一级级管理层从上至下地传达到执行者；基层的信息从下至上通过一层一层的筛选到达最高决策者。这种层级结构的组织形式来源于"管理幅度"理论，它属于经典管理理论的范畴。"管理幅度"的意思是：作为个体的管理者由于其时间和精力的限制，他管理的范围和人数是有限的，存在着一个管理幅度的概念。管理幅度理论提出，一个管理者的管理幅度是固定的，而一旦企业的规模和人数迅速扩大，就会出现管理上的困难。传统管理模式解决这一问题的方法，是随着企业规模的扩大不断增加管理层。一般而言，员工人数巨大的大型跨国公司往往有相当多的管理层。

在相对稳定的市场环境中，这种层级结构的组织形式十分高效。但在两种情况下就显出了一定的弊端：一是企业组织规模无限制地扩大，尤其是一些巨大的跨国公司，它们的管理层随着企业规模的扩大不断增加，最终会影响到自身的有效运作；二是外部环境快速变化，多层层级组织无法快速反应。外部环境的快速变化要求企业快速应变，针对现实环境做出迅速的调整变化。但是层级结构中众多的管理层严重损坏了这种敏锐性和及时性，不利于在快速变化的市场环境中调节经营活动，这也是扁平化得以在世界范围内大行其道的原因。

当今市场环境波谲云诡，一个企业必须要有机动灵活的处理能力，因而，分权管理已经成为很多企业的普遍选择。分权管理的直接作用就是，企业内的基层组织独立性增强，层级之间的联系相对较少，这大大提高了办事效率，也使得扁平化的组织形式发挥作用。另外，随着网络和数字技术的进步，管理者的管理幅度可以借助计算机扩大，从而有能力解决因企业扩大而带来的信息和人员增加的问题。因此，为了不被淘汰，就必须实行扁平化。

回到公司内部管理方面，现在的小米给人的印象是非常快速、高效。雷军认为传统工业时代有很多管理方法是非常标准化、制度化、规范化的，面对这些有益的方法我们是必须坚持的。跟那些有二三十年历史的传统公司比起来，制度化和流程化是小米的弱项。但小米倡导的是"去管理化"，要抓关键，就是怎样发现有责任心的人才，怎样让这群人配合起来，怎样用最少的人使我们的核心团队能够在第一线指挥"战争"。这讲求的是一种反应速度，和很多互联网公司的结构特点是很相似的。在互联网环境下，企业要想抓住时机、占领先机，就必须具备这种小团队、快速反应、快速决策的特点。

小米的扁平化是因为相信优秀的人本身就有很强的驱动力和自我管理能力。小米坚持了将近三年的全员 6×12 小时工作制，并且从来没有实行过打卡制度，也没有施行公司范围内的 KPI（关键绩效指标）考核制度。雷军说："我们的员工都有想做最好的东西的冲动，公司有这样的产品信仰，管理就变得简单了。"当然，这一切都源于一个前提——成长速度，速度是最好的管理。少做事，管理扁平化，才能把事情做到极致，才能快速。

小米的组织架构基本上是三级：七个核心创始人→部门领导→员工。七个创始人之外，小米内部很多人的职位都是工程师，有所改变的只是薪酬的调整。这样的人事环境简单而纯粹，不会使员工产生太多杂念，也没有什么团队利益，所有人都全身心地投入到业务中。而且为了保证高效和反应速度，小米一般不会让团队太大，稍微大一点就会拆分成小团队。目前小米有几百个小团队在高效运转。

　　小米的组织结构特别清晰、简洁，它的办公布局每一层都有明确的职责划分，每层都由一位创始人负责，产品、营销、硬件、电商等都在各自的领域里真抓实干，互不干涉。这种分工明确又相互协作的形式保证了任务的高标准完成。另外，雷军给自己的第一定位也不是CEO，而是首席产品经理。他大部分的工作时间都用来参加各种产品发布会，每周都会与各个领域的基层员工和负责人召开产品讨论会。他通过这样一种直接的方式来了解产品研发及公司整体的进度，往往在这样直接的交流中产生具有重要意义的决策部署。也就是在这样的公司环境下，小米公司除了每周一的例会之外，很少开会，这样的管理制度所节省下来的时间都用在了埋头研发产品上。

　　就是这种扁平化的管理制度和层级结构，让小米拉近了与客户之间的距离，使得小米总是能对顾客的需求和市场环境的变化做出快速反应，这不仅是小米速度的源泉，也是小米取得如此成就的重要原因。

极简工作法则

　　极简主义越来越脱离了原始的设计理念范畴，开始成为一个被很多人推崇的重要商业法则，它在互联网背景下的现代企业管理中发挥着愈加重要的作用。在碎片化时代，极简主义最大的作用在于节省了用户的时间，形成产品黏性，打造产品的品牌。对比微博和微信可以看到张小龙团队在极力抵制微信商业化的诱惑，在面临着内部和外部的巨大压力下让微信变得尽量简洁。与之相比，新浪微博则离这种极简主义有着相当大的距离。面对商业化的侵蚀，很多产品开始复杂化，但它承载的东西越多，人们或许越厌弃它。极简主义在现实中非常难以坚持，因此也格外可贵。

而对雷军来说，极简主义就是自己办公室的两块白板。他把小米未来六个月所有要做的事情，都最终简化到这两个白板中。"我的两个小白板还只用了一个半"雷军幽默地说，"全部让我自己管那肯定会死人的，小米是我们8个联合创始人大家分工协作来管。"的确，小米也是一个高度授权的科技公司。奉行极简工作法则，最重要的就是抓最关键、最紧迫的任务，而把次要的任务进行授权和分工，这也有利于企业在把握正确方向的同时提高灵活性。

小米的8个联合创始人的周会就是礼拜一晚上一起吃盒饭，由于8个人一般在不同的楼层甚至不同的办公区上班，因此这一简单的碰头大部分都是在说如何协同的问题。没有了反复冗长的会议，高管们的工作得以简化很多，就可以有更多的时间投入到最重要的产品研发等任务中去。

"去管理化"也是雷军奉行极简工作法则的一部分。传统的企业特别注重管理层一起做规划、做预算，然后把预算分解。但小米恰恰相反，雷军称小米是一个"没有目标的公司"。他坦言："不需要做计划，因为在现实面前很多计划到最后只能是计划，要在平常简化所有的工作。"

在小米，8位联合创始人都是有着二十几年经验的工程师。不同于其他公司，小米内部的很多基础性工作不是由基层员工，而是都由这八位创始人亲自做的，这也是雷军的要求。雷军认为这样做虽然表面上增加了无谓的工作量，但这是真正简化工作的方法。对于像订货、库存等环节，只有自己亲手去做，才会对每个细节有真正深刻的理解，才会记住公司的每一个重要的问题或细节。雷军认为："如果那个表不是自己填的，你真的不会认真的，你看了也记不住。记住每一个数字，用手写下每一个数字，就等于是把ERP（企业资源计划）、SAP（企业管理解决方案）搞了一堆的东西简化到一个白板。"后来证明大家做的复杂得一塌糊涂的事情在本质上并不复杂，如果能找到事情的线索，其实就很轻松。

雷军认为现代企业管理制度往往存在把简单问题复杂化的弊端，庞大甚至是臃肿的管理机构使很多事复杂到无法控制。他还拿金山举例：

"在那些年里面我也下了很大的功夫进行专业管理。举办干训班、高级干部培训班、培训学院，全部整过一遍，天天写稿。当你能找到有责任心、聪明、能干的一群人时，管他干什么？充分授权往前冲，弄砸了是我的责任。比如我们说社会化媒体营销，小米鼓励全员参与，每个员工在网上随便说点什么都代表小米这是很恐怖的，但是也没有捅出多大的娄子。我们鼓励你随便说，说错了没有关系，说错了再改。"

总的来说，雷军所提倡的极简工作法则，其实就是抓重点、有的放矢，对其他的工作充分放权；同时掌握关键细节而不是做无用功，通过细节了解公司的状态。这样，才能把工作尽量简化。

互联网思维模式

雷军认为，互联网本质上是一种思考问题的方法，而这种方法很适合考虑未来。尤其是置身于互联网时代，做企业的核心就更在于互联网思维。把互联网与传统产业结合起来，不仅会推动企业竞争力和综合实力的提升，更为重要的是它也将推动中国经济的转型升级。

雷军一直是互联网思维的推动者和"形象代言人"。的确，小米就是一家典型的互联网思维的科技企业。关于到底什么是互联网思维，雷军给出的解释就是"专注、极致、口碑、快"。

雷军之所以对互联网思维有如此深刻的思考和理解，跟他之前创办金山软件不无关系。金山软件从1988年创办到今天已经有28年的历史，实际上也属于传统的软件行业。软件行业跟互联网行业的人才和技术是一样的，但模式不同。互联网行业第一个颠覆和摧毁的就是软件行业。雷军在1999年，在面对金山软件衰落的重压下开始思考互联网转型。然而，这个转型整整用了14年的时间。在此之间雷军又创办了卓越网，但还是解决不了金山升级的问题。并且，雷军发现无论自己做什么东西，都竞争不过

雷军：乘势而为

互联网公司。在这个过程中，雷军逐渐领悟到，互联网是一种观念、一种思想、一种价值观、一种方法论，是一整套的思想体系，这也对后来的小米产生了完全颠覆性的影响。他认为，关于小米的商业模式的思考，本质就是用互联网思维思考，小米从出生起就是互联网思维的产物。互联网思维是一个很复杂的体系，雷军将其总结成两条：第一就是互联网七字诀："专注、极致、口碑、快"。第二就是参与感，这点前文已有介绍。

雷军曾说："我们是一家手机公司，但插上了互联网的翅膀。"雷军的目标就是投资一百家企业，把小米成功的经验"复制"100家，而目前已经有55家企业参与到了小米生态链的建设中。这些都是互联网思维的一种体现。

其实不同的人由于经历和视角的不同，对互联网和互联网思维的看法也会有所差异。马云也曾说"互联网不是一种技术，是一种思想。"如果互联网是一种思想的话，那组织、产品、文化都将是这种思想的重要内容，就需要重新剖析自己的公司。今天很多人都说网上营销好，但是营销好了，麻烦也就开始了，整个组织、人才、思考、战略都要随之进行调整。马云还曾做过一个比喻："你以为是你的胃口太好，但换一只胃，你的肝也出问题，脾也出问题，因为你所有的功能器官是一体的。"这世界没有传统的企业，只有传统的思想。

时代的改变也让周鸿祎对互联网思维进行了总结和概括：第一，用户至上。正确对待你的用户，用户决定着你的产品以及你能生存与否。第二，体验为王。做一个产品就是要给用户超预期的、绝佳的体验。第三，免费的商业模式。免费这个在过去难以接受的商业概念，现在正在成为一种普遍的商业策略。不只是软件的免费，很多企业通过硬件的平价出售甚至是免费赠送，在获取广大用户的基础上通过广告、增值服务、电子商务等方式大获其利。第四，颠覆式创新。打破既有的传统思维，用独特的角度做出最具个性、最有时代意义的产品。

雷军的互联网思维不但成就了小米，也在改变着传统行业。雷军认为："你懂得越多、传统产业做得越好，转型的时候就越困难。"雷军坦言，1999年他遇到的最大痛苦，是现实跟他的价值观是相反的。这也让雷军花了十几年去调整、去转型。在金山面对转型和升级的艰难时间里，雷军逐渐看明白了互联网，才形成了他自己的互联网思维。雷军曾经表示，要用互联网思维做传统行业其实不难，传统行业首先要零距离贴近消费者，通过良好的用户体验，促进良好口碑的打造与传播，最终形成品牌影响力。要借助网络平台，实现终端市场由"代理商"到"服务商"的转变，而品牌的营销职能则转嫁到了互联网平台上。传统企业自身要由封闭走向开放，由保守走向注重学习。传统企业要借助互联网极具开放性的平台，把消费者研究、数据搜集、数据分析当作一种行为惯性，始终保持谦虚学习的心态。

第二章

产品：考虑用户的基本利益

互联网时代，产品要让用户尖叫。最好的产品就是最好的营销。

——雷军

营销学的研究中，我们往往把产品分为几个层次，每个层次都包含一定的顾客价值。其中，基本层次是核心利益，即顾客真正关心的利益。雷军之所以选择把手机作为其离开金山之后自己的创业项目，一个很重要的原因就是，他发现在当时的手机行业中真正用心做手机的人太少，没有考虑用户的基本利益。有些手机做得很花哨、很吸引眼球，但手机最基本的功能如通话、发信息、上网等却不尽如人意。对于手机用户来说，这才是最核心、最基本的利益。在第二个层次上，营销人员必须把核心利益转化为基本产品。对于雷军而言，手机就是其基本产品，是整个小米体系的基础和载体。在第三个层次上，营销人员将生产一些"附加产品"，即顾客在购买该产品时通常期望得到的周边利益。对小米来说，卖手机只是第一步，各种互联网服务、小米生态链都是小米提供的附加产品，也给用户未来的生活提供了无限憧憬。

尽管雷军一直在各种场合传播他自己的"互联网思维"，但是他很清楚每个人对于这个词都有不一样的理解。那么很显然，"产品思维"自然也没有一个标准的定义。大家都知道雷军善用媒体，尤其是新媒体，但是谈到产品，他仍然坚持着非常传统的观点：只有把产品真正做好，其他东西才有效果。

雷军：乘势而为

研究百年企业的收获

在小米创立之前他经常思考的一个问题是：为什么有些企业能做到基业常青，而有的企业只能昙花一现？为了搞清楚这个问题，雷军研究了很多成功的公司。

雷军非常尊敬的企业家柳传志先生当年曾推荐给他一本书——《基业长青》，这本书讲述了百年老店是如何创办的。在选择要学习的"标杆企业"之前，雷军问了自己一个问题："中国有没有百年企业？什么样的东西使你能够做成百年企业？"他琢磨了半天，发现中国的百年企业非常少，只有三四家，其中最出名的就是同仁堂。

同仁堂是全国中药行业著名的老字号，创办于1669年。在漫长的历史中，无论是在民间还是在朝堂之上，它都拥有极好的声誉。到现在，虽然它在所有制形式、管理模式、企业性质上都有了很大的转变，但它在中国传统医药行业的重要地位却一直维持。同仁堂能经历数代而不衰，在海内外信誉卓著，那么，它是如何做到屹立三百多年而不倒呢？雷军认为，这得益于它对产品的严格把控。提到同仁堂，人们耳熟能详的一句话就是："炮制虽繁，必不敢省人工；品味虽贵，必不敢减物力。"这句话最早出现在《乐氏世代祖传丸散膏丹下料配方》中，它是由同仁堂创始人乐显扬的第三子凤鸣完成的著述。如今，这句话不仅是同仁堂世代遵循的训条，

第二章 | 产品：考虑用户的基本利益

也早已成为各行各业奉为圭臬的格言警句。同仁堂能穿越厚重的历史，享誉至今，完全得益于对这一古训的严格执行。从中药的选材到每一味药材的熬制，他们精挑细选，认真打磨，每一道工序都投入了极大的精力，保证了产品的高质量。为民心，良心药，同仁堂为每个行业树立了一个经典的学习榜样。

有感于同仁堂的经营理念和成功模式，雷军认为同仁堂的诀窍说到底，就是真材实料，干活不偷懒。这个道理非常简单，但同仁堂在这340年里一直力求做到这一点。所以。雷军认为，真材实料是百年企业的基石。2012年11月，在发布小米盒子的现场，雷军展示的PPT上可以看到那句古训的身影："小米盒子，炮制虽繁必不敢省人工，品味虽贵必不敢减物力。"直接体现了小米对同仁堂极度重视质量这一精神的认同和追求。

雷军说他永远想不明白，为什么我们做的家具里面都有甲醛。有一次他帮着朋友装修，因家具含有甲醛，使他患了鼻炎，所以他恨得牙痒痒："为什么这些东西都是我们商界做的？从三聚氰胺到毒大米,再到地沟油，我们为什么要做这些害人又害己的东西，这难道就是我们生意人应有的面貌吗？"这些感触又使雷军萌生出了进军家装行业的想法。

顾客希望买到高质量的产品，这其实与企业的价值追求是一致的。高质量的产品不仅满足了广大用户的实际需要，他们对与产品的任何赞誉同样会为企业带来良好的口碑。这对于企业来说，是一笔巨大的无形资产。

三星公司同样在产品质量上树立了行业典范。其实，从一开始，三星的产品质量并不突出，在世界市场的销量也少得可怜。将三星从一个最普通的厂商变为亚洲最有价值企业的,正是三星的现任总裁李健熙。1992年,李健熙在欧洲市场目睹了三星产品的尴尬处境:产品质量低劣,一度沦为市场大路货,无人问津的三星产品口碑极差。这给了李健熙很大的触动,他下定决心改变这一现状。从1993年起,李健熙开始大力整治三星顽疾,转变以数量为主导的观念,集中力量提高产品质量并进行深度的管理模式革新。此后,三星凭借优质的产品打响了自己的品牌。李健熙两次焚烧三星产品的故事流传甚广。李健熙在美国市场发现,三星的很多产品,如电视机、微波炉、冰箱等,都因为质量低劣而遭到市场冷落。于是他下令将那些存在着各种问题的产品集中在广场上,一把火烧了个精光。还有一次,当三星刚开始做手机的时候,它的产品同样大量存在质量问题。他将15万部手机全部召回,都堆在工厂前,再一次烧了一把火。如今三星的电子产品在世界市场占有相当大的份额,它之所以能实现这样的转变,提高产品质量进行企业改革是其中的决定性因素,也因此,三星安然度过了1998年亚洲金融危机。

质量是企业赖以生存和发展的保证,同样是打开市场的关键。随着社会物质生活水平的提高,人们对产品的质量也有了更高的要求,提高质量成为使顾客满意、加强企业在市场中的竞争力的必要因素。作为互联网营销的领军人物,雷军非常清楚质量的意义。新媒体会把任何一个很小的质量问题放大,在网络上形成强大的舆论压力。因此,雷军说,他的网络营销核心是口碑,而口碑的基础就是真材实料的产品。

在2016年3月北京召开的"两会"期间,雷军表示:"在消费升级的时代,中国制造要转型升级,需要的正是李克强总理提出来的工匠精神。对于做产品的人来说,要真材实料地认真做好,要在用户看不到甚至没有什么用的地方,也能认认真真地做好。"2016年,雷军喊出了"新国货"口号,希望小米能够带领中国制造业以"工匠精神"打磨产品。

找最好的供应商打磨产品

在2016年1月小米公司的年会上,雷军说道:"手机是个系统集成度非常高、非常复杂的活儿,想把手机做好,就必须得到各个核心供应商的支持。"由此可见他对建立良好供应商关系的重视程度。

有着"互联网创新基因"的小米,生产供应链相对简短,它的全部环节只有研发组、供应商、代工商及客户。小米大大简化了产品从生产到销售的流程,省去了很多不必要的环节。这在提高资源利用率和节约成本的同时,也使客户直接面对产品生产。小米的这种特色成为它成功的主要因素之一。

雷军研究中国产品在全球的形象后觉得,人们对中国产品非常普遍的印象就是便宜,但相对品质也偏差。问题出在什么地方呢?雷军告诉我们:"你仔细想一想,在你的商业模式和效率跟别人差不多的情况下,如果你的东西便宜,一定是因为你的原材料、供应商,或者某些其他的环节比别人少。如果没有大的创新,理论上大家的成本是差不多的。所以基于这样的思考，你就会发现中国大部分的产品做不好，主要的原因其实是出在偷工减料上。"所以在创立小米科技之后，雷军提的第一个要求就是要用第一流的供应商和顶级的元器件和材料，一定要奔着做世界级的产品去做。

雷军觉得，2011年时小米1之所以能让人"尖叫"，一大部分原因在于小米让人们用上了高质量、高配置的智能手机，却只需要付出很少的钱。小米同样用了如高通处理器和夏普LCD（液晶显示器）触屏等高质量配件，但是它的价格却远低于同类手机，这无疑超出了人们的预期。而在当时，小米也还只是个初出茅庐，没有工厂、没有品牌的手机厂商。

绝大多数情况下在没有信誉的时候，一个不知名的小公司很难说服一流的供应商为自己服务。一方面，世界上大部分有实力的部件供应商具有一定的顾客忠诚度，它们不愿意将产品卖给老顾客以外的其他客户。另一方面，很多供应商都对中国企业有一定的偏见，认为它们只会模仿别人的产品，制作出低廉而劣质的东西，而不管能不能卖出去。

然而，小米最终还是与顶级供应商建立了合作关系，尽管它曾经被85家供应商拒绝过。瑞典学者Howard Yu特意撰文分析了小米能找到供应商的原因，他在"小米如何赢得顶级供应商？"一文中，对此进行了认真的分析。

他认为，小米之所以能获得较好的供应链，得益于它使用的三个策略。

第一，小米有相当部分的高管，集中精力将解决供应链问题当作工作的重点。当时，雷军让林斌从负责产品研发转移到与供应商的联系谈判上，力争尽快解决这一问题。林斌着手之后，召集主要人员组织了大大小小近百场会议，实现了突破性的进展。这是一个苦差事，在负责该项目的 5 个多月时间里，林斌瘦了近 20 斤。

第二，用积极的行动展示诚意。在小米将显示屏的供应商瞄向夏普的时候，正值 2011 年日本因为海啸、地震而引发核辐射。当时人们纷纷离开日本，但就是在这样的环境中，雷军毅然决定立即前往日本进行接触。雷军和林斌一行很快就到了大阪，在一家星巴克与夏普高管进行了接洽，夏普很为小米的诚意打动，双方就合作问题谈了整整一天。会晤结束后不久，夏普就同意向小米提供元件并达成深度合作。

第三，充分展现自己的独特性。在争取与高通合作，获取它的处理器供应时，小米尤其注意向对方展现自己的独特性和竞争力。小米对自己全力打造的 MIUI 系统进行了详细说明，体现出了小米的创造力和企业实力。MIUI 是小米凭借独特的反馈机制和渠道与用户共同打造出来的，它定制性强，深刻反映了用户的实际需要和意见。因而，它很容易形成核心用户，并不断扩大自己的粉丝用户，这为小米以后做大、做强打下了坚实的基础。这样一来，高通对小米有了很大兴趣，并很快达成合作。之后，小米一直是高通最新芯片的首发平台，小米与高通的关系可以用如胶似漆来形容，小米 1 和小米 2 全都采用了高通的处理器。

苹果一直是小米学习与赶超的对象，整个小米供应链生态体系是对苹果模式的借鉴与吸收。事实上，小米内部有一套较为完善的供需生产流程：雷军、林斌、黎万强和周光平每周都会开一个小型生产会，根据当周销售额、预约购买数等确定三个月之后的订单量，而这个生产计划马上就会交由 50

人的管理团队去跟进管理。在这个过程中，每个人都有不同的分工：黎万强负责小米网电商和仓库，周光平负责供应链管理，林斌负责采购核心元器件，雷军则负责统一协调。

目前小米供应链的主力还是在中国台湾地区。虽然随着生产经验的积累，大陆零组件厂商在技术上有一定的进步，但是在芯片、电路板等尖端领域上与台湾企业仍有差距。小米的很多零组件都来自台湾厂商，如联发科的手机芯片、友达的面板、大立光的相机镜头、联咏的开发驱动IC（集成电路）方案。另外，还有富士康和英业达作为小米代工厂主要负责组装。

但不能否认的是，近年来中国内地的零组件厂商呈现出明显的崛起状态，很多优秀的厂商已经逐渐参与到精密器件的设计中来。以欧菲光、欣旺达、莱宝高科为例，它们已经进入了苹果、三星等一线手机品牌的供应链。

在这种趋势下，小米也开始重新考虑自己的供应链。从它的布局情况可以看出，小米的供应商选择重点已经逐渐转向大陆。而已经与小米结盟的上百家大陆厂商中，有12家都是上市公司，它们为小米源源不断地提供各种类型的结构部件。

像很多企业一样，小米在大陆的合作伙伴同样集中分布在华南地区，尤其集中在深圳。已经加入小米供应链的蓝思科技、波恩光学、欧菲光、顺络电子等均位于深圳。这些厂商一方面为小米提供了充足的部件供应，另一方面，它们的这种合作给深圳的众多供应商带来了可观的业务量。

对产品严格要求的小米非常重视供应商，从2014年起，小米每年都要召集全球供应商大会，与各地的供应商加强联系，加深合作。这也同样是小米专注于精品打造的体现，致力于从源头抓小米品质，在与供应商的良好合作中打造精英品牌。

做强单款产品

毫无疑问，苹果已经是全球手机领域的行业领袖，也是很多企业参考学习的对象。雷军也一直把苹果视为自己的标杆，把乔布斯视为自己的偶像。在产品布局上，雷军亦采用了苹果一个产品类型打天下的思路，定期推出升级、更替版，这与国内很多企业的思路完全不同。

纵观当今全球的手机市场，牌子最响、赢利最佳的是苹果手机，三星、HTC、索尼、联想、华为等都落后于苹果。而苹果手机永远只推一款机型，新款一上市，旧款手机就逐渐淡出人们的视线。在一个时期内，苹果永远只会针对一款手机进行推广与营销，而其他的手机品牌都是数十款产品同时在卖。

聚焦经营一款手机是苹果成功的关键。自始至终，苹果所有手机几乎都保持了一致的外观，从 iPhone 6 起外观虽然有了变化，但是依然只有一种款式。

实力雄厚、创新能力极强的苹果难道就不能完成手机的大变身，刺激刺激我们的"眼球"吗？难道苹果就不能像诺基亚、摩托罗拉等品牌一样，根据不同消费者的需求，多设计几个不同的外形，满足不同细分人群的需求？

从技术上讲，以上这些对于苹果公司没有任何难度。但是，苹果做出了另一种选择，就是"产品单一化"。当然，产品单一化有着巨大的风险。一家公司每年只有一两个手机机型，意味着一旦这款手机失败，损失的将是上千万的研发费用，这家公司很可能会因此走向没落。但雷军相信，只有这样做，才有机会在这个市场上一鸣惊人，他也确实做到了这一点。

雷军研究了苹果的"产品单一化"模式后，认为该模式非常适合苹果的理念，最大的好处就是帮助消费者识别"苹果"这一概念，无形中制造了一种"流行趋势"。因为苹果就是这个形状，所以消费者一眼就能认出来，手机就像一个物化了的标志。如果苹果同时推出几款不同的机型，那广大消费者识别苹果的难度就大大增加了。

有很多实力很强的手机公司，为什么它们一直没能形成像苹果一样的品牌效应，没有引发一种"流行趋势"呢？用一个比较直观的例子来解释一下，例如：有100个用户在使用苹果手机，另有150个用户在使用X手机；虽然使用X手机的人很多，但是这150个用户却用着这一品牌的不同类型，这种分散的注意力，难以使得用户对这个品牌形成深刻的印象，对它没有一个固定而确信的概念。

第二点好处就是它能帮助苹果单款赢得"销量第一"的桂冠。尽管从总量上算苹果不见得能排在第一，但从单款手机的销量来看，苹果毫无疑问地称王。更何况，苹果的利润要远远高于其他手机品牌，消费者更加确信苹果才是真正的领导者。

第三点好处就是它降低了生产和维修的成本。这一点显而易见，大规模、大产量的单款产品在生产成本和维修成本方面的优势，是机型繁多的品牌所望尘莫及的。许多企业都喜欢大而全的产品线，它们觉得产品种类越多，销量就越大，市场占有率就越高，这种思路是非常可怕的。产品线单一化是一个非常实用的产品战略，如王老吉卖了十多年了，并且迅速超越可口可乐，成为"销量第一的罐装饮料"。再看看餐饮业，中国的餐馆每个馆子都能罗列一百多道菜品。而肯德基、麦当劳虽然食物品类有限，客人的选择空间很小，但是其销量却令广大中餐馆汗颜。

小米学习苹果，在起步阶段主推一款小米手机，销量迅速攀升。为了获得更好的市场占有率，2013年，小米又推出了略显低端的红米。

所以现在的状况是，小米在1000元内有红米系列；在1000~2000元有小米系列。反观联想、华为、HTC、酷派等，它们都有数十款、甚至几十款以上的机型在销售，在每个价格区间都有若干款产品在"自相残杀"，让消费者不知道如何选择，难以形成整体品牌印象。

很多企业都在追求"大而全"的产品系列，产品线拉得太长，资源分散，难以形成强势的专注某一类产品的品牌。"竞争战略之父"迈克尔·波特认为，有时企业追逐的基本目标可能不止一个，但这种情况实现的可能性是很小的。因为有目的地贯彻任何一种战略，通常都需要全力以赴，并且要有一个支持这一战略的组织安排。一个企业一旦有了太多目标，就会因为力量的分散反受其累。

小米专心只做一款手机，正是集中了小米所有最优质的资源，争取做到极致，真正实现"为发烧而生"。

雷军认为，小米要想做大，必须先把单款产品做强。他认为，扩大产品种类并不能换来市场，集中资源做单品，才是一个让小米手机在茫茫机海中脱颖而出的竞争战略。以"把自己逼疯"的态度做"爆款"，才是小米赢得市场的终极法宝。

图2-1是2016年4月小米5正式发布前一天的小米官网页面。我们大致可以看出其品类与当初只有一款手机的情况已经大有不同。尽管小米目前在很多品类上都有所涉猎，但是点开每一个品类，我们发现其实雷军还是在坚持他一个品类一年只做单款的想法。

图2-1　2016年4月小米官网显示的小米产品的品类

从生活的角度改善产品设计

随着社会的发展和技术的进步，人们对于设计的理解和认识，无论在理论还是实践方面，都有了很大的改观。现在，越来越多的设计者开始注

第二章 | 产品：考虑用户的基本利益

重人性化在设计中的作用和应用。作为处理"人—物"间关系的关键，从人们实际生活需要的角度进行产品设计，并在考虑人们情感需要的角度加入人性化因素，逐渐成为当今深受重视的话题。

所谓人性化设计，就是在设计的过程中始终以人作为设计的出发点和目标使用者，就是所谓的以人为本。这不仅需要满足人们生活中的工具性需要，同时还要满足人的情感需求，使人在与产品的交互过程中产生更高层次的精神、情感交流。甚至通过产品的使用，帮助使用者建立自我价值和自我认同的信念。德国著名艺术设计院校包豪斯有一条著名的设计原则："设计的目的是为人而不是产品"，小米手机很多的设计就是按照这一原则来执行的。

谈到小米的产品设计，雷军有次开会时给员工们举例，他说我们生活中有什么东西真的做漂亮了？很多都是一堆乱七八糟的、充满了工业气息的商品。例如我们随处可见的插线板，这么常用的东西为什么不能设计得好看一些？中国有几千家生产插线板的厂商，一年就要卖出4亿块插线板，但却没有一家厂商能从生活的角度真正关注自己的产品。既然插线板在我们的生活中须臾不可缺，那我们完全可以将它设计得充满美感，甚至成为一个艺术品。他还说，可能的话他就自己做一个艺术品的插线板给厂商们看看，而且保证还卖得超便宜。从插线板的例子，雷军觉得小米要用自己的产品带领中国的整个产业，改变世界对我们固有的"设计低下"的印象。

材料的选取和制作工艺直接决定手机工业设计的优劣，在这方面，小米尤其下功夫。对于手机而言，人们最常接触的部分就是手机按钮，频繁的操作要求按钮具有耐磨性、耐用性。而且，绝大部分的用户体验都是从按钮获得的。因此，想要让手机整体获得人们的认可，按钮材质的选择尤其重要。一般来讲，金属的材质远胜塑料，除了具有耐用性、耐磨性之外，它的触感也比塑料好得多。因此，按钮虽然只是手机构件中很小的一部分，但是它却直接影响着用户的使用体验。我们可以看到，iPhone 4与iPad Air、iPad mini系列的苹果手机和平板产品，均采用了更具手感的金属按钮。这就是为什么小米机身虽是塑料，却采用金属材料来制作按钮的原因。

区别于以往的产品，小米3在外观上进行了一定的改进。手机四周边角有了调整，在全新的艺术工艺之下，小米不再将手机边角设计为80°的圆角。另外，小米边框也完成了从正方体向半弧形的转变。新的外观设计考虑了更多的因素，它不仅更为精致，也更为实用。

小米4在设计上更是有质的突破。在小米4的发布会上，"一块钢板的艺术之旅"赚足了眼球。相比小米3来说，它的设计感更强一些。手机四周的倒角没有了方正形的突兀感，显得更加圆润。调整后的边框也更加紧凑，成为同类型智能手机中边框最窄的手机。小米4的背部同样做了调整，略带弧度的设计让人们握起来更加方便。而且，它这种符合人体工学原理的改变也明显扩大了单手操控的范围。值得注意的是，小米4的边框使用了广为人知的"奥氏体304"不锈钢，能够给予人们更加良好的视觉体验。

小米的产品设计简约、精致，"至简之道"一直被小米奉为经典，小米电视就是这种设计理念的集中体现。譬如遥控器设计简而不陋，三根线就可以轻松"搞定"小米家庭音响的安装。

小米着力打造的 MIUI 系统，更为生动地体现了雷军强调的生活化、人性化设计理念。我们这里随意选取几个方面予以说明。

• 骚扰电话拦截：无论是在休息还是在开会工作，突如其来的一声骚扰电话往往让人烦恼，它轻而易举地就打断了人们原有的状态。而小米的 MIUI 系统可以有效避免这种情况出现，它自动默认"响一声"的电话没有铃声提醒。

• 超级电话本：这一系统为手机用户提供了数百个常用的生活服务手机号码，包括银行、快递、出租车等。只需要在这个超级电话本里进行简单搜索，就能很快找到所需要的电话号码，及时解决生活需要。

• 电话录音：在很多时候，我们为记下电话内容，往往需要电话录音，但是由于一些手机的电话录音功能略显复杂而只得作罢。在小米手机中，只需要在打电话的过程中点击当时的页面就可以轻松录音。

• 手电筒：很多手机都有手电筒的功能，但却并非都方便使用。MIUI 手电筒只需要长按 HOME 键即可开启，它无需解锁，省去了很多的操作步骤。这样一个简单化的操作体验很大程度上决定了一款手机的功能实现。

虽然小米手机实用性很强，但是它也绝非各种功能的无限制叠加。一般人认为，在一个产品设计中，开发者会不遗余力地让自己的产品具备更多的功能来满足用户的要求，但这种功能越强大的产品，也就意味着操作起来可能越复杂。开发者一味地整合各种功能，反而会给用户带来使用上的不便。而为了满足一小部分用户需要的某个功能，公司必须花费更多的时间和资源研发。如果去掉这些小众功能，不仅能节约成本，避免不必要的资源浪费，更重要的是，它能保证产品的完整性和整体设计感。

虽然有时用户说他们需要某个功能，有时候他或许真的需要，但是在很多时候，他们的这种需要仅仅是工具性的一时之需，并没有普遍意义，这种需要是有弹性的。

苹果的早期Lisa（丽莎）计算机机型为什么失败？就是因为叠加了太多功能。因此，崇尚简约的小米，绝不会在功能设置上自掘坟墓。

网上曾有这样一个笑话：

iPhone 5全面进入中国，有的用户说要加喇叭，乔布斯照做了；后来又要加镜子，乔布斯又照做了；加完镜子之后又要加收音机，乔布斯再次照做了；收音机有了之后，又要双卡双待，乔布斯吐血了：请你直接去买个"山寨机"行吗？

如何处理几乎无限多的小众功能的用户诉求，如何在坚持至简理念中把握平衡，是小米的产品设计中一直要面对的问题。而从生活的角度、从用户的角度来改善设计，是解决这一问题的基本原则和方法。

第二章 | 产品：考虑用户的基本利益

小米面对的"专利陷阱"

国产智能手机发展得异常迅猛，但对于国内很多手机厂商来说专利是它们最大的短板，而这个短板将会制约其在国际市场的发展。小米也曾经因为专利的问题深陷泥潭。"专利战是手机竞争这场战争中至关重要的一场战役。"雷军说，"苹果在专利问题上被起诉，三星也在专利问题上被起诉，就连它们两家之间也不知道打了多少起官司。因此，专利成为手机行业绕不过去的一个话题。"

专利制度其实是对发明者利益和社会公共利益的均衡，是两种利益的折中和妥协。与此相适应，专利制度的经济效应和社会效应必然是二元的，既有积极的作用，也有消极的方面。

专利因为保护发明者利益，激励社会创新，促进了科学技术的发展而受到人们的肯定；但同时又因为创造了垄断，排斥了竞争，提高了创新产品的价格，损害了消费者的利益而受到指责。从国家层面上来看，专利制度在某种程度上扩大了发展中国家和发达国家之间的差距。中国与发达国家在知识上的差距是经济上与发达国家存在差距的根本原因之一。

同时，专利制度也会在一定程度上阻碍技术的进步。由于专利制度规定，发明者可以在一定时期内独家使用该发明，且这种独家使用的权利具有排他性。所以这一点在很大程度上会减少可供交易的科技成果数量，减少科学技术从潜在生产力变为现实生产力的可能性。除此之外，它也将迟滞社会的发明创新。某些厂商在利用专利制度形成了垄断地位后，可以借助自己的专利权和市场地位，将竞争对手扼杀在摇篮里。

雷军觉得小米的专利问题很复杂。他认为专利在普通的消费者眼里应该是创新，是核心技术。而事实上呢？很多专利却是在滥用和阻碍创新。今天大量的专利都是"陷阱"，看谁能"挖坑"，能让别人掉到"坑"里面。雷军笑着对我们说，当小米开始崛起的时候，这些发达国家已经挖了40万个"陷阱"，但真正有价值的创新并不多。可能普通消费者对于这个问题不是特别理解，但这是游戏规则，当年苹果做iPhone的时候也被各大巨头告得一塌糊涂，也是付出了天文数字的代价。专利的确是一个好东西，但却是被"滥用"的好东西。滑动解锁，点一下屏幕弹出的菜单，这是专利；用手机打字换行，这也是专利；微博，拖拽一下页面自动更新，是专利；屏幕下面新的页面拉一下就弹回来，这还是专利。生活中似乎什么都有专利，有些人申请了很多专利，别人都不能用，但是他有技术创新吗？并没有！

雷军觉得一些所谓的专利，实际上是一些发达国家，是老牌没落的资本主义对付新兴企业的游戏规则，这个规则是有问题的。一般公司极少会在处于成长期时提到专利，而往往是在自己开始没落时强调专利。雷军的这个观念基本上是手机产业的共识——专利不等于技术。很多时候都是先进入这个市场的企业，利用专利的游戏规则为后来者挖了一些莫名其妙的"坑"。

一些老牌公司在发展初期申请了很多专利，当它们不断拿起专利的武器时，多半是没落了。微软以前在顶峰时从未收取过专利费，并且对它异常厌恶。反倒是在它过了巅峰期，显出了没落的苗头后，就开始收专利费了，其实今天包括美国在内的西方世界已经在反思专利被滥用导致损害技术创新的情况。雷军曾生气地对我们说："一些专利'流氓'公司，什么正事都不干，专门起诉别人，几乎要形成一个行业了，很多'讼棍'都靠这个吃饭。"

实际上，小米在专利方面的工作也做得不少。林斌曾经就小米的专利情况向媒体谈过，小米2012年以前拥有35项专利，而在2012年、2013年和2014年，小米分别申请了257项、643项和超过1300项专利，共计超过2235项，[1]且均是发明专利申请（专利法规定可以获得专利保护的发明创造有发明、实用新型和外观设计三种，其中发明专利是最主要的一种）。经过几年的发展，到了2015年，小米已经有1300项专利申请，而且有300项都是国际发明专利。关于如何应对专利问题，与企业的投资方、合作方进行合作，进行专利的交互使用和分享或许是解决之道。小米就已经与高通等互联网厂商建立了这种合作，也规避了一些麻烦。2015年10月23日，小米收购了博通公司的31项专利，几天后其产品"红米2Pro"通过了美国联邦通信委员会（FCC）认证。2016年2月4日，小米从美国芯片巨头英特尔公司购买了332项美国专利，这也是小米继收购博通公司

---

[1] 叶书利，马伟民.小米在印度获高通庇护暂解禁：傍与不傍陷纠结.每日经济新闻. 2014年12月23日.

的无线通信专利之后的又一次美国专利收购行为,而这次的手笔要大得多,且所收购专利领域更加广泛,将大大充实小米在美国的专利储备。[1]

对于专利使用问题,林斌认为"小米应对专利问题心态比较从容,但预计类似的专利纠纷将会持续5~10年"。他在演示文稿中清楚地显示:小米专利,只为防御。

滴水成冰,非一日之寒。中国作为后起的工业国家,技术水平与发达国家相比差距很大。在全球化的时代,专利保护还是地域性的,而跨国公司对其专利保护会有全球性战略安排。这也就不难理解为何爱立信没在中国直接对小米提起诉讼,而是苦等了三年之后,在印度展开了行动。

有些中国企业形成了一种惰性:习惯于以极低的成本获取核心技术,而不愿投入大量时间、精力和金钱去进行科技创新,掌握自主知识产权。但现实是,随着产业的不断发展,中国企业如果既没有掌握充分的知识产权,又拒绝以正式途径购买别人的专利,那么中国的企业必然会在以后的发展中麻烦不断。

小米并非第一家在走出国门后遭遇专利危机的企业。面对这样的情况,中国的很多知名企业,如华为、中兴等,开始斥巨资加强对知识产权等无形资产的建设,它们也开始对知识产权保护有了强烈的需求。

专利是所有新兴企业必须要迈过的一道门槛。只有充分利用技术和法律这两样武器,企业才能安然度过专利危机。新兴企业一方面要立足自身,提高自主创新能力,拥有充分的自主知识产权。另一方面也要有明确的法

---

[1] 小米:"豪购"专利意欲何为?. 中国知识产权报. 2016年3月9日.

律意识，并能合理利用法律武器保护自己的合法权益。使用法律的能力尤其重要，以高通为例，作为一家无线通信技术和芯片公司，它聘请的律师甚至比工程师还多。一个企业，不管它有多么强大的自主研发能力，都不可避免地要使用到更多其他人所谓的专利，而此时，法律与协议的作用至关重要。中国企业要想避免这样的麻烦，就要两手着力：一手狠抓自主创新，一手熟练运用法律，如此才能在专利纠纷中保护自己。

产品生态链与投资布局

要想了解小米生态链与投资整体布局，首先需要理解产品线这一概念。产品线是指一系列相关的产品，它们可能功能相似，或是被销售给同一顾客群，或是销售途径相同，或者在同一价格范围内。这条产品线有多长，它就有多少产品。一个企业要想获得最大利润，就必须确定产品线的最佳长度。

另外一个概念是产品组合，产品组合就是由若干条产品线组成的一个整体。产品组合的宽度，是指一个产品组合中的产品线数量，说产品组合很宽，意思就是这个产品组合里有很多条产品线。产品组合的深度，它实际上是指这个组合中每条生产线的长度，深度越深，就是说每条生产线有越多的产品项目。另外，产品组合的关联度就是指各类产品线之间的联系紧密度。

在这些概念的基础上，小米有一个生态链构想，就是一个小米扩展产品线、最大化用户利益的构想。雷军表示，小米手机仅仅是小米公司的起点和基础。在小米的投资布局中，未来的小米生态链中将会有包括小米核心产品在内的各种外延性智能产品，它们共同丰富用户的日常生活。

小米现在正致力于构建小米生态链，从最初的手机到后来的平板电脑、路由器、小米盒子等，并在整个关联方面又做了大量的投资，来打造小米完整的生态链。小米的生态圈包括智能手机、智能电视等产业链，在这些产业链上小米又布局了很多具体的功能链条，如硬件设计、软件开发、电商运营、客户服务等。另外，小米在建立了系统端的平台进行互联网服务之外，也开始售卖产业链上的周边产品。在系统的完善和产品的不断丰富之中，小米的生态圈在不断地扩大。

在硬件方面，以手机作为切入点，打造一系列小米产品构成的小米生态链。小米自己锁定的三个核心领域是手机（包括平板）、电视盒子和路由器。那么，这三个硬件产品存在什么关系呢？其实手机和电视只是屏幕大小的区别，在小米产品的生态圈中，手机可以充当电视遥控器的角色，而电视也可以成为手机的显示屏。除此之外，实际上电视本身也是一台电脑，还是一台显示器。基于这样的思考，小米在很早就开始生产电视了。同样，路由器也是小米在创办之初就决定要开发的产品。路由器是家里唯一24小时不关机的设备，所以小米把它定位成家用服务器，与家里的智能设备相连接。路由器位于智能终端的上一层，被形象地称为"智能水龙头"。在如今的互联网时代，路由器是一个重要的网络节点，无论是家庭还是办公场所，它都必不可少。因此，路由器作为一个潜力巨大的互联网入口，它被很多互联网企业视为产品竞争的关键。

小米的生态链由很多具体生态组成，其中与小米强相关的生态首先体现在智能家居方面。按照小米生态布局，小米盒子将会占领客厅娱乐领域，智能家居控制中心则会实现对整个家庭的自动化控制。当前，小米已经推出了很多智能家居产品，如智能体重秤、智能插座、空气净化器、智能灯泡等。这些产品，还有以后会陆续推出的其他产品将会共同构建小米的家居系统。

2014年12月，小米和美的集团同时发布公告。公告称，小米已经与美的集团达成战略合作，小米旗下的小米科技以12.66亿元入股美的集团，占股1.288%。[1] 这次合作，它们将共同抢占家庭互联网入口，在整个行业里将会产生重大影响。将来，小米和美的的合作是全生态链的战略合作，这种合作将涉及智能家居及其延展开的生态链，并将在移动互联网领域展开深层合作。对此，雷军有着清晰的认识，小米与美的的战略合作伙伴关系，不仅能在双赢的基础上共同打造智能家居全产业链，推进小米的智能家居战略，还能推动和帮助一些传统企业一起转型。

第二个跟小米生态强相关的是内容。小米的电视、盒子、手机、平板上必须要有内容，而这些内容都掌握在各个巨头手中。虽然小米的硬件产业已经成熟，但内容的供给却一直是短板。

为了弥补内容资源的短板，小米进行了一系列投资。小米请来新浪前总编辑陈彤设立了一个10亿美金的基金，专门用于内容方面的投资。除

---

[1] 小米科技12.66亿元入股美的集团.腾讯财经报道.2014年12月14日.

此之外，小米也投资了优酷、爱奇艺、华策，等等。这些投资都是用来为小米的平台型硬件寻找内容的，因为客户最终需要的是内容。

2014年4月，小米以2亿美元换得迅雷27.2%的股份，一跃成为迅雷的第一大股东，从而对迅雷拥有了绝对的控制力。掌握迅雷，雷军就为小米找到了一个相当重要的内容渠道。其中，作为视频行业的迅雷看看有效补充了小米的内容短板。迅雷与小米的合作主要在两方面，一是小米MIUI操作系统，二是小米的家庭硬件、互联网电视和互联网机顶盒。视频获取是这些硬件使用的主要内容，而迅雷在视频下载等业务上多年的优势将为小米提供主要的视频技术支持，小米与迅雷的合作也会是另一个双赢的范本。

2014年11月4日，陈彤加盟小米，出任小米副总裁，主管内容投资与内容运营。陈彤加盟之后，小米相继投资了优酷土豆和爱奇艺。优酷土豆作为中国内地的视频行业领军企业，具有多年积累的强大实力和资源，投资优酷土豆为小米未来的发展提供了有力支撑。陈彤的第一笔投资就是用100万美元购入了优酷土豆股票，而它们的合作同样是一种战略合作伙伴关系。一方面，优酷土豆丰富的资源和强大的自制能力为小米提供了内容支持，大量的视频内容可以在小米手机、小米电视等各个终端上进行投放。另一方面，小米也可以深入到内容生产的过程中，进一步地扩大小米的影响力。

而如今做得风生水起的爱奇艺也有了小米的巨额入股。2014年，小米联合雷军旗下的顺为基金以3亿美元入股百度旗下的爱奇艺，成为爱奇艺的第二大股东。近年来，爱奇艺背靠百度，在视频方面有了大量优质资源的补充，这当然是小米的另一重要内容来源。不过，除此之外，小米与爱奇艺也将在内容、技术产品的生产模式领域等方面进行深度合作，共同在移动互联网领域谋求发展。更重要的是，爱奇艺在 2012 年与中央人民广播电台、江苏省广播电视总台一起成立了银河互联网电视有限公司，这也满足了小米对于牌照的需求。

从小米的一系类动作中可以明显看出，小米在不同的发展阶段，会根据自己的内容策略和用户定位，对小米生态进行不同优势内容的整合。这种做法和当前的宏观环境变化是密不可分的，目前国家政策收紧，智能电视平台上不能播放第三方视频网站的内容。因而，小米与这三家企业合作的主要目的或许在于通过这些元素来构建小米未来完整的家庭生态。

雷军曾对小米科技员工提到："跟手机会产生频繁数据交换、可以被手机控制的终端，连同它相关的业务，你都可以毫不犹豫地把它归入移动互联网的范畴。"他也曾在公开场合提到，移动互联网的边界现在还根本没有看到，这个领域的资本容量也大得惊人。

雷军投资过的公司都曾经取得过傲人的业绩，使得他积累了相当雄厚的资本。以 UCWEB 为例，它在 2014 年被阿里巴巴收购时，其估值已高达 43.5 亿美元，这给雷军带来的回报是异常丰厚的。

从 2014 年起，小米及其相关公司的投资活动极为频繁。2014 年 10 月，小米旗下的两家公司认购了新三板公司凯立德 8400 万的股票，这引起很多人对小米投资行为的关注。为了进军互联网金融和智能家居领域，小米先后投资了P2P（个人对个人）平台积木盒子和丽维家。

以小米为中心，雷军主要通过三个渠道进行投资。第一个是雷军的天使投资，这是雷军个人的投资；第二个是雷军作为合伙人成立的顺为基金，这是雷军进行投资的主要平台。第三个是小米风投，它在一定程度上与顺为基金有交叉，主要目的是为小米的整体战略获取机会。

作为雷军旗下的一个重要投资平台，顺为基金在雷军的商业布局中发挥着重要作用。它在2011年由雷军和许达来一同发起成立，首期基金规模就有2.255亿美元。对此，雷军曾表示，顺为基金将他投资的爱好机构化了。

同是顺为基金创立人的许达来在股权投资和金融领域有超过13年的经验，曾任职于美国国际集团、新加坡政府直接投资公司。许达来与雷军创立了顺为之后，主要将投资领域放在了互联网领域并硕果颇丰。许达来如此解释顺为和小米科技的关系："顺为不是小米的战略投资基金，因为雷军是两家公司的共同创始人，所以它们的关系也仅仅是兄弟公司，只不过有很多的合作与共同利益。尤其是在互联网领域的投资上，这两家公司的协同作战使它们的利益最大化了。

顺为基金创立两年后，经过二期的募资，基金规模增加到5.25亿美元。雷军和许达来作为基金的管理人，也都曾在基金中出资。顺为成立以来，投资过的公司就有近百家，其中大部分都是和小米科技联合投资的。这样的投资往往是双方都能各得其利。投资公司的时候，小米和顺为是在同一个轮次，它们之间并没有利益性的冲突，两者合作共荣。两者的价值目的很明确，顺为追求财务回报，小米立足于整体战略价值，各取所需，各有所得。

雷军通过这些投资渠道进行投资的项目涉及的范围极为广泛，重点投资主要集中在互联网领域，如互联网金融、网络游戏、在线教育、媒体、网络社交、手机应用软件及智能硬件等方面。这些投资具有明显的战略目的，试图以小米为核心，布局一个紧密而庞大的产品链，通过打造出一个闭环来保证小米的综合市场份额。

农村互联网，这个几年前还无人愿意开垦的"处女地"，正蹿升成为2016年创投界的热词之一。在诸多创投大佬中，最卖力的推动者就是雷军，他自2015年年末起，就频繁在各种场合表达自己对农村互联网的青睐，称农村互联网将是其未来十年最核心的投资领域。雷军也曾放言，顺为资本在该领域的投资目标是"至少投100家公司"。[1]

2016年3月29日，为了将小米和小米生态链这两个概念进行区隔，增强品牌集中度，雷军宣布生态链品牌升级为"MIJIA米家"，意思是"小米家族"。此前小米生态链产品的品牌比较分散，既有小米品牌、也有创业公司的独立品牌，今后小米生态链智能家居产品都将使用"MIJIA米家"品牌。[2]

[1] 雷军放言投100家农村互联网公司.第一财经日报.2016年1月27.
[2] 生态链成小米"后院"金矿.中国经营报.2016年4月2日.

终极产品逻辑：硬件 + 软件 + 互联网服务

说起小米的成功，很多人认为小米走出了一条极具特色的小米模式。雷军经常挂在嘴边的就是小米的"铁人三项"，即硬件、软件、互联网服务，他认为这就是小米的产品逻辑。很多人把小米单纯看作简单的手机企业，这是对小米的根本误解。小米做好硬件，利用互联网的方式制作人性化的系统，而后在完善的互联网服务中给用户呈现出完整的手机服务。这种以手机为核心的系统服务，带来了较好的用户体验，并为自己树立了清晰的形象，这是很多把自己当作"制造商"的手机公司所不能比拟的。

雷军在创办小米之前，已经有了在软件、互联网、投资等领域丰富的从业经验。回顾PC互联网和移动互联网创业模式，以前的互联网企业在后来的发展中都偏离了当初的理念。但是雷军当年在创办小米的时候所提到的概念到最后都得到了验证，比如软、硬件一体化的概念、电商的概念、延展手机业务的概念。所以大家经常会这样评价雷军这次的创业：他说去哪儿，后来就真的去了哪儿。

最初，小米的"铁人三项"软件 + 硬件 + 互联网服务，对应的产品就是MIUI、小米手机、米聊，经过四年多的发展，这个"铁人三项"也在变化当中，现在有了这样的形态：

（1）小米硬件

小米硬件的产品正在逐步丰富，早已不再不局限于手机。现在已经形成了以手机为先导，以小米平板、小米电视/盒子、小米路由器、智能家居、小米生活方式（手环、血压计）、小米耳机/音响为主要支撑的八大产品系列。经过市场的考验，小米系列已经被越来越多的人认可。仅以小米手机为例，2014年第三季度出货量为1730万台，超过联想和华为，以5.3%的全球份额排在三星、苹果之后。不可否认，硬件是目前小米"铁人三项"中做得最为出色的一项，它也完美阐释了小米模式的专注和极致。

小米硬件的成功具有另外一个重大意义，它让小米在与BAT（百度、阿里巴巴、腾讯）的竞争中建立起一道"护城河"。虽然BAT都曾经推出过自己的手机，如百度和戴尔合作的易平台手机、阿里自建OS（操作系统）的阿里云手机，还有腾讯的大Q手机，就连360的周鸿祎也尝试过推出360特供手机，后来又在2015年5月联合酷派手机推出了奇酷手机。但它们的这些手机由于缺乏核心竞争力，纷纷倒下了。所以在这样的背景下，小米硬件业务的成功与众人的失败形成了鲜明的对比，在互联网企业中树立了成功的典范，更是在与互联网大佬阿里、腾讯、百度、360的竞争中找到了立足的根本。阿里巴巴的根本在于支付、物流、广告；腾讯的根本是"通信"+"社交关系"；百度的根本是"搜索"+"广告系统"；360的根本是安全和搜索；而小米的根本就是硬件。所以腾讯和阿里在支付上是对手、百度和360在搜索上是对手、百度和阿里巴巴在广告上是对手，因为它们在系统层上都有竞争。同时，腾讯和百度可以是朋友，阿里和360也可以合作。你可能已经发现了，小米和BAT在系统层上都不是竞争关系，这就是雷军的精明之处。这让小米可以避免与行业内的其他实力企业形成利益冲突，在广结善缘的环境中为自己赢得发展时间和生存空间。我们可以清楚地看到小米在互联网行业中的良好环境，它通过金山软件与腾讯建立了联系，当初把UCWEB出让给马云也使得小米与阿里巴巴交好，另外雷军又和百度的李彦宏关系不错，至于相识、相交二十年360周鸿祎，他们还是很好的朋友。

（2）小米软件

如果只有硬件，小米绝不会一举超越国内的其他手机厂商。雷军始终强调，小米是互联网企业，MI也就是Mobile Internet的意思。小米卖出去的每一部手机、电视、平板等硬件产品并不是孤立的点，它们可以通过小米软件形成一张紧凑的网。这是小米不同于其他硬件厂商的地方，小米卖硬件是为了建立自己的移动互联网体系，而不仅仅是为了赚取卖硬件的利润。

小米手机与国内其他手机厂商在理念上有着本质的不同。每一个用户对于产品和商家来说都有一个生命周期，一般的厂商手机用户的生命周期很短，手机一旦被卖给用户，这个周期就完结了。而小米不同，用户拿到小米手机正是其生命周期的开始，卖出手机仅仅是小米计划的第一步。

小米软件是小米的核心竞争力之一。它的MIUI系统每周都会更新，它根据用户的反馈意见不断改进，将用户的意志反映在系统中，这种亲切感为小米赢得了相当数量的用户。虽然MIUI还不是操作系统，但它的独特性、功能性意义与情感性意义是其他手机所不具备的优势。通过MIUI，小米可以掌握用户的多种使用数据，也可以向用户推送信息。这与腾讯的功能有一定程度的相似，腾讯的增值服务就得益于它强大的信息推送功能。从这种能力来讲，全国能向1亿人民随时推送信息的公司，除了三大运营商之外，也就只有腾讯和小米了。

按照小米的整体发展战略，小米软件未来的发展方向必然是操作系统，只有这样，它才能真正在世界手机产业内建立王者地位。这样的发展在一定程度上也会得到政策的支持，因为这是国家安全的战略利益。未来中国自主的手机操作系统极有可能出现在手机销量第一的企业里，而小米很可能成为这个企业。

（3）小米互联网服务

小米想要获得更广大的市场、更有前景的方向，就必须发展其互联网服务。在一开始，米聊曾经是小米互联网服务的代表。作为一款网络沟通工具，小米曾打算将其作为重点产品来推广，但是因为落在了微信的后面，就在以速度为生命的互联网中陨落了。

在2012年第四届全球移动互联网大会上，雷军这样说："作为一个曾经跟腾讯竞争过的人，我深知腾讯的厉害。当时我们做米聊的时候曾经考虑过腾讯的动作，我们判断，如果腾讯也要推出这样的产品，可能需要6个月。但是我们低估了腾讯的实力，它两个月就推出了微信。"雷军这样说除了是对当年错失米聊的遗憾外，更有要继续拓展互联网服务的意思。而在以后的发展中，小米或许也要以更智慧的方式面对腾讯这样的互联网服务巨头。

　　小米虽然在米聊中慢人一步，错失了网络服务的先机并专注于手机硬件的生产，但是深入开展互联网服务是小米不会变的战略安排。当前，雷军将这一领域的动作化整为零，为小米以后在网络服务领域中的蓬勃发展做好准备，布局基础点。如今，米聊化身为 MIUI 的一个底层服务，同时通过金山软件（游戏）、猎豹、迅雷、YY 等一些参控股企业大范围布局互联网服务。而耐人寻味的是，迅雷和 YY 都曾经是腾讯大为忌惮的产品，现在却都已经被雷军收入囊中。

　　在电商服务领域，小米依然有着很大的优势。小米出色的硬件系统可以保证"质优"，而"价廉"则是小米电商平台的核心。小米电商在未来有着很大的发展空间，需要更进一步地摸索。

　　另外，小米还有一种 BAT 不具备的能力——复制。第一个复制的方向是其他品类，包括平板、电视、盒子、智能家居、路由、电源等硬件。最近雷军提出要复制 100 家"小米"，带动产业转型升级，在未来如果小米推出小米汽车、小米豆浆机、小米空调等产品，人们并不会有任何惊讶。但是如果大家看到腾讯牌的空调、阿里牌的豆浆机、百度牌的冰箱，就会觉得很奇怪。这就是小米最令人钦羡的能力——它是第一个真正意义上的互联网实物品牌，而 BAT 在消费者心目中的定位只是互联网服务品牌。

　　第二个复制的方向是区域的复制，也就是国际化的过程。小米产品目前已经进入了俄罗斯、巴西、印度和东南亚等二十几个国家和地区，且均在当地市场有着很好的业绩。在小米软硬件基础之上，再加上 BAT 在国外市场的空位,小米未来很有可能抢占这些国家的移动互联网巨头宝座。这是实际的情况,BAT一旦出了国门就难以得到其他国民的认可,但是小米的电商、硬件及MIUI都代表着中国的先进生产力和成熟完善的互联网模式,在国外的发展将有充分的空间。

不过最近很少再听雷军提到"铁人三项"了,其实这是小米在摸索创造一种更现代的企业运营模式,包括生产、销售、营销、投资、合作等。然而,"铁人三项"确实为小米的发展成熟奠定了扎实的基础,并凭借以其为基础的小米战略打下了一片江山。不得不承认,小米此前两年"软件+互联网+手机"的"铁人三项"在小米的成长中发挥着举足轻重的作用。

到现在,"小米手机+MIUI",已经形成"硬件+互联网服务"的完整生态,涵盖应用分发、云服务、游戏联运、主题商店、电子阅读、浏览器及各类底层互联网服务等。正如很多人所说的那样,小米手机是一个非常重要的互联网入口。小米的产品越多,这个入口就越重要,它的价值也就越高。随着小米生态圈的逐步完善与丰富,小米手机的作用也会进一步提升。当然,小米也早已突破了"手机公司"的狭窄估值,它产品组合的宽度和深度有了合理的调整。从小米盒子到路由器再到空气净化器等新的智能终端,小米构建的产业链与生态圈愈加蓬勃。在当前的市场环境中,虽然小米的体量与苹果、三星还差很多,但形态已经很接近了,以后的发展将不可估量。

第三章

定价：在每一个价位段都是高性价比手机

我的策略就是以贴近成本价来出售手机，这个初衷绝对不会改变。我的梦想就是要做用户喜欢的手机，我做的手机在每一个价位都是用户最喜欢的高性价比手机。

——雷军

在营销组合中，价格是一个最为敏感的要素。价格不仅是一款产品成功的关键，同时也关系到企业的整体销量与收益。小米自诞生以来，一个非常重要的品牌标签就是低廉的定价，并且这个标签影响了整个手机乃至整个智能设备行业。

当第一代小米手机横空出世，并以人民币1999元销售时，同等配置的HTC Sensation在中国市场售价为3575元，三星Galaxy S2售价则高达4999元。雷军这种"赔本赚吆喝"的买卖引得消费者热烈追捧。2011年年底发售伊始，小米仅用了37小时就卖出40万部手机，两天时间内通过网络获得30万个手机订单。对于小米定价过低的问题，在2016年4月小米成立六周年大会上，有朋友建议雷军把价格定得高一些，可以推出3000~4000元的高端机，但雷军的回答是："我的策略就是以贴近成本价来出售手机，这个初衷绝对不会改变。"他说，"我的梦想就是要做用户喜欢的手机，我的手机要在每一个价位都是用户最喜欢的高性价比手机。"他笑着说，按照他的定价策略如果要卖到4000元以上，除非镶嵌一颗宝石，但这显然不是长久策略。

小米手机因高配低价备受消费者青睐，而低廉的价格得益于小米在采购、生产、研发、信息管理、渠道化及服务效率上的成本控制。

雷军：乘势而为

学习沃尔玛与好市多

　　雷军在很多场合都提到过，他的低价策略思维首先来自于全球零售业巨头沃尔玛。在以低价取胜的沃尔玛面前，不仅是零售行业，各个行业的从业者都应该了解并学习其成功之道。

　　在沃尔玛创始人山姆·沃尔顿的立业十原则中，有一条重要原则便是："比竞争对手更节约开支。"美国著名的投资理财杂志《价值》（Worth）曾经分析了沃尔玛能够长期坚持低价策略的原因，它认为关键在于沃尔玛始终将成本控制在很低的水平。沃尔玛最大限度地压缩商品上游成本，长时间内它维持了低水平的推销经费、日常开支、行政费用等。同样是当时零售业的巨头，美国国内最大的打折零售商和全球最大的批发商之一凯马特（Kmart）的成本维持就远高于沃尔玛，最后在各种因素的综合作用之下宣告破产。

　　雷军说，老山姆在1962年创办沃尔玛的时候，美国零售业的利润是很高的，很多零售店的毛利率高达45%。老山姆说，我只挣别人一半的钱，只需要长期保证22%的毛利率。利用长期性的低价格吸引更多的顾客，在天天平价的基础上扩大销量，同样能获得巨大效益。

　　然而，在整个市场的大环境中，单方面的降低价格是有风险的。从当时基本的市场法则来看，当别的商家都在用45%的毛利率开展经营活动时，只有你一家维持在 22% 的毛利率，这在理论上是不可能赚钱的。但是，山姆并没有被这种表面性的简单理论吓退，他通过采取一系列措施降低各类成本，最终实现了其低价策略。

行业内的人曾说沃尔玛采用了农村包围城市的策略，这主要是指其零售商店的选址。从成本的角度考虑，为了维持其商品的低价，山姆不可能将零售店放在房租昂贵的市区大街上，于是沃尔玛当初的商店主要位于城乡结合处。山姆很了解美国人的心理，只要商品价格足够便宜，他们宁愿开车到很远的地方，也不愿意在市中心购物。除此之外，山姆还在商店自身上想办法省钱。在一开始，沃尔玛根本是不盖商店的，只需要租一个旧仓库，简单地改装一下就开始买东西。这些都为沃尔玛节省了很大的成本。

省钱是沃尔玛的核心理念，这一理念在沃尔玛公司上下都得到了严格执行。无论是整体大的规划还是微小的具体细节，节约意识在全公司每一个人、每一个项目中都有极鲜明的体现。沃尔玛的各级管理人员办公室，装修简单实用，没有豪华的办公用品和家具，没有厚厚的地毯，也没有各类夸张的装饰品。为了降低运营成本和能源费用，所有的办公室面积有着严格的限制，商店里的所有能源设备都统一管理。这一点在小米办公室中也体现得非常明显，拿雷军的办公室为例，几乎就只是比其他员工多做了一道玻璃门。节约意识不仅存在于管理层，它同样扎根于沃尔玛每一个基层员工身上。在这方面，沃尔玛甚至有完善的制度，设置了详细的奖惩办法。奖励在节约公司开支上做出贡献及出谋划策的员工，处罚造成资源浪费破坏公司制度的员工。这种经过长期发展的企业文化浸透于每一个员工身上、每一个细节上，这保证了沃尔玛能始终如一地保持低价。

沃尔玛对办公费用开支的规定也是严格而细微的，比如公司人员出差时要两人合住一间，办公用纸也要正反两面使用。为了最大限度地降低进货价格，沃尔玛的采购人员每天与供货商谈判，试图以最低的进价达成协议。另外，在同行业中，沃尔玛的广告宣传费也是最低的。

沃尔玛的这一套省钱办法，完全归功于它的创始人山姆·沃尔顿。作为穷苦人家的孩子，山姆一生生活简朴，从不浪费一分钱。即使成为亿万富翁后，他也依然开着一辆轻型运货车，秉承既有的生活习惯。

削减成本，不仅使顾客享受到实惠的价格，也可以让沃尔玛有更多资本用于引进高效能的通信设施。在具有了高效率的分销流程和其他先进工艺后，这又能进一步缩减成本，形成良性循环。沃尔玛在百货业的这种一贯做法，不仅改变了全球零售商的销售方式，更在相当大程度上改变了顾客的购买习惯。这种低价策略的成功同时也激励了零售业者和其他行业人士，给了他们学习的成功范例。

雷军在创业的过程中重视从具体实践中总结经验，并不断有新的发现。他曾经说，很多创业者过分迷信书本，往往被理论上的观念束缚住了手脚。很多创业者及从业者视野狭窄，永远在问"可不可以有更高的毛利率？"当然可以，不过很多企业要么偷工减料，要么就涨价。雷军现在做投资，特别不喜欢毛利率很高的行业。他在很长时间里都在思考一种经营理念，即如何在保证产品质量的同时，又能实现价格的低廉。在后来小米的发展轨迹中，雷军清晰地看到了这种经营路径。

第三章 | 定价：在每一个价位段都是高性价比手机

除了沃尔玛，雷军同样惊叹于另一家美国公司好市多（Costco），它是美国、也是世界上最著名的零售商之一。好市多的产品价格同样低廉，往往贴近于成本价。它同时也是会员制仓储批发俱乐部的创始者，为会员提供物美价廉的产品和服务。

一般超市的毛利率往往维持在15%~25%，但好市多商品的平均毛利率只有7%。这一被很多人视为惊人之举的决策，除了是由其非一般的勇气与决心所致外，更重要的是它有一系列科学而严谨的经营模式做支撑。一方面，好市多对其毛利率进行严格的控制，对其利润情况进行实时检测，如果有任何一件商品的毛利率超过了标准，就会立即对它进行调整，从而保证整体毛利率不超过14%。另一方面，好市多在商品供应方面积极寻找进价最低的货源，经常性地与供货商讨价还价，争取使自己的进价低于其他任何公司。这些努力最终使得好市多形成了低成本、低加价的经营状态。

好市多之所以具有这样的商业活力，还有一个重要的因素，那就是好市多很小的库存量。除了对成本严格控制之外，好市多也对自己的库存量进行了管控。它的SKU（库存量单位）仅有3700左右，与很多大型零售商的库存量比起来，好市多的商品库存容量是非常少的。这直接决定了它不可能有多而丰富的商品种类，但这也为好市多带来了独特的优势：他们对自己的库存进行精打细算，往往存储销售的都是畅销货，保证了商业活力；此外，较小的库存容量也直接缩短了公司的资金运转周期，使它的经营成本大幅度地减少。

另外，好市多能够持续保持低毛利率的一个更重要原因，也是它最主

雷军：乘势而为

要的特点，在于它商品服务的会员制。商品毛利率从来都不是好市多的主要利润来源，它收益的绝大部分都来自于会员的年费。以2014年为例，这一年商品销售的利润有10亿美元，而会员费就有24亿美元。好市多的会员只需要每年交上一定数量的年费，就可以享受到贴近成本价的商品优惠，另外商场也会为会员提供私家车维护、眼镜维修、专属通道等服务。这种策略为好市多赢得了相当数量的忠实客户，同时它的优质服务也让客户流失率始终处在一个很低的水平，这是好市多获利的重要途径。在实体零售店受到网络冲击的今天，很多公司业绩急剧下滑，但是在2015财务年，好市多销售额增速仍然达到了7%。

雷军提过一个简单的例子。有一次他跟金山的高管去美国，很多人一下飞机就租了辆车直奔好市多。这一行人中除了雷军，其他人都跑去好市多大肆购物。雷军说："还有什么东西是在国内买不到的，非要跑到美国买？"雷军认为，美国商店里卖的都是中国生产的东西，没有必要在这里买，到时候带回去也麻烦。但是，等雷军从他们口中了解到具体的情况后就有些吃惊。购物归来的猎豹CEO傅盛告诉雷军，这里的东西特别便宜，他们足足买了两箱东西，后来因为东西太多装不下，就又买了两个箱子。傅盛说："我给你举一个例子，我买了一个超大号的新秀丽箱子，你猜猜多少钱？"雷军说在北京大概八九千元。"在这里只需要人民币900元，是国内的十分之一"，傅盛说起来特别兴奋。这下雷军被震到了，为了了解得更加具体，他自己也去了趟好市多。

进去之后，他发现所有的东西质量都非常好，又非常便宜。这让他陷入了思考，一个公司的毛利率越高就越好吗？雷军认为，毛利率高的公司并不意味着它具有很高的工作效率，这并不值得羡慕，真正有实力的公司要能够在低毛利率的情况下高效运转。

在认真研究了沃尔玛和好市多之后，雷军深受影响。雷军觉得，小米要想做大做强必须要向这些零售业的巨头学习。他曾经说："小米必须要做到效率制胜，小米要做电商、要做实业，就必须在最简约的经营中不断提升效率"。雷军也曾提道，提高效率有两种方法：一个就是柳传志先生讲的"拧毛巾"，即降低成本、勤俭节约。虽然雷军对这点也很赞同，但是雷军更愿意把重点放在另一种方法上，就是简化生产销售的过程，把中间渠道、零售店全部去掉。

雷军认为，做手机最重要的不是零售店、旗舰店在全国甚至是世界上的覆盖率。只要专注把手机做好，与用户之间建立即时有效的联系就足够了。如果把精力过多地放在销售渠道、代理等方面，必然会造成资源的空置和经营效率的低下。这直接导致成本的增加，从而使得用户用高于制造成本两三倍的价格买到手机。有一个很明显的现象，包括传统手机在内的所有传统产品和服务价格都很高，而一旦嫁接到互联网上，这些价格就有了调整。这是因为传统的商业生产模式落后，效率低下。其实，无论是传统产业还是互联网产业，只要调整模式提高经营效益，就都能有长足的发展。据说，京东自身的运营费用占营业额的10%，那么如果好市多能做到7%，这个传统企业就很难受到京东的冲击。这一点，小米已经做得不错了，小米把企业的整体运作成本控制在5%以内。雷军说："不谦虚地讲，我们是全球运作效率最高的公司。"[1]

用优秀的员工降低成本

苹果创始人乔布斯曾说："对于生活中的绝大多数事物，其平均质量和最优质量的动态范围最多为2∶1。"他的意思是，在很多时候，能力优秀的人或事物发挥的作用与能力一般的人或事物发挥的作用虽然有明显差别，但是这种差距并不会太大，一般的效果差就是2∶1。但是乔布斯随后又说，这仅仅是在某些具体的一般领域中起作用，一旦涉及人自身就不再适用了。优秀人才与普通人，他们在某项事业中发挥的作用往往判若天渊，所产生的价值完全不能等量齐观。此时，这种平均质量与最优质量的动态范围将会达到50或100∶1。所以，乔布斯特别注意吸收最优秀的人才组建事业小组，而这种由几个优秀人才组成的小组往往强过一个由普通人组成的超大团队。

对于乔布斯的这种观点，雷军深以为然。雷军认为，一个团队，尤其是创业团队，需要最优秀的人才一起合作，这样的团队将会产生无限的创造力。反之，只要这个团队有一个成员没有足够的能力，他们的事业就会发展缓慢甚至会万劫不复。因此，雷军在团队的组建上从来都是不遗余力地力求完美。实际上，雷军在任何事情上都是追求完美的。雷

---

[1] 见2014年12月雷军在联想的演讲。

军的一名员工曾经讲过一次亲身经历：某次开会，雷军开心之余发了几罐可乐给在场的人喝。这名员工没喝，就把可乐罐随手放回到柜子里去。后来雷军路过柜子时看到了，他就把那个罐子转了半圈，以保证所有罐子露出来的面都一致。

很多时候，企业老板只看见材料浪费、产品浪费，却没有意识到团队中平庸的人会给企业资源带来更大的浪费。一吨材料出产多少产品，一件产品卖多少钱，这些很容易就能衡量出来。但是每一个员工究竟能有多少实际贡献值，又造成了多大的浪费，这是难以计算出来的，商场中不乏一些企业因为人员的组建问题而陷入困境。一个人才足以挽救一家企业，而一个庸才也许会摧毁一家企业。多数企业的生存和发展受到了威胁，不是因为它们的产品有问题，也不是因为它们的资金有问题，甚至它们的项目也没有问题，而往往是人出了问题。如果一家企业希望持续地发展，就一定要尽可能多地发掘优秀人才。宁可多发工资招人才，也不能为了少付工资留庸才，在这方面绝不能吝啬。

优秀的人才招聘来了，企业会给他们优厚的工资待遇，表面上看工资的投入成本是增加了。但这是一个稳固的回报过程，他们在享受公司给予的优越条件同时也为公司带来了丰厚的回报，而且这种回报是远超企业支付给他的工资、奖金的。相反，如果聘任的是能力平庸的人，虽然支付的工资低，但是他只能为公司带来十分微薄的回报，有时甚至会为公司带来损失。因此，对于每一个员工的产出水平，企业必须有清晰的认识。

而一个人的产出水平主要来自两方面，一是意愿，二是能力。意愿在

雷军：乘势而为

一开始表现为一个人对某一领域的兴趣，而后转为他对事业的专注度和使命感、责任感。具有强烈意愿的人，往往具有很高的产出水平。能力包括一个人的智商、情商等各个方面，它是一个人产出水平的直接体现。因此，企业对于人才的甄别需要从意愿和能力这两个方面综合进行考量。

雷军觉得对创业来说最重要的是优秀人才，其次才是产品，有好的团队才有可能做出好产品。正如我们前文所提到过的，小米拥有堪称豪华阵容的8人创业团队，每一个人都有顶级的业务能力和工作理念。为了组建这个团队，雷军当年下了很大力气，经过大半年的时间终于打造成这样一个实力雄厚的精英团队。这些有着专业技术背景，曾在世界大型企业任职多年的行业精英，成了小米轰隆向前的强大动力。

在雷军看来，招聘一名优秀员工的单个成本是高的，但是从整体来看，却极大降低了运营成本。有优秀的人在，企业要做的东西就不用改来改去，只需要保证它的持续性就好，避免了很多资源的浪费。

为了让小米在产品研发体系进行大胆创新，雷军一直在全球范围内招揽最优秀的人才。他坚信一个聪明人的工作价值相当于10个甚至50个普通人的工作价值。所以到今天为止，小米公司的员工人数相对其销售量而言，是非常少的。他曾经说："如果你招不到人才，是因为你投入的精力不够多。"雷军在招募人才上花费了很多时间，对公司招聘严格把关，对于真正优秀的人才从不轻易放过。在小米创立之初，作为一个新兴的创业公司，它很难招聘到一流的硬件工程师。终于有一天，他们碰到了一个行业内特别出色的工程师，但是他对小米并不看好，也没有意向加入。于是，整个创业团队对他展开车轮战，进行了连续12个小时的交流。最终，这位工程师扛不住了："好，咱就这么着吧，我实在是撑不下去了。"

那么，小米具体是如何招聘到优秀人才的呢？首先，小米提供了非常有诱惑力的薪酬条件，它的薪酬在整个行业来看都是很高的。除此之外，小米还尽力给予员工一个科学的职业发展规划，告诉员工到了这里工作一年、两年、三年、五年以后他们的能力会达到一个怎样的水准，他们在这里又会有怎样的职位进阶。还有很重要的一点，小米着力营造一种活跃、轻松的工作环境，形成一种团结友爱、蓬勃向上的企业文化。

雷军说，小米研发团队人员一半以上来自微软、谷歌和金山，员工的平均年龄是32岁，2014年是33岁，是创业公司中平均年龄最大的。一般的创业公司员工的平均年龄是25、26岁，大一点的27岁。小米之所以发展得这么快，主要是因为他们聘请的员工全部是有经验的人。怎么邀请这些人加入呢？除了理想、事业、空间这些情感上的号召之外，还必须要有实实在在的实惠。小米员工的平均年龄都在30多岁，在这个阶段，一般人都已经娶妻生子，有了一定的社会身份和压力。那么，企业就必须给予他们与这一人生阶段相称的物质报酬。雷军在组建小米时提供了可选择的报酬形式，邀请任何人加入的时候会给出三个选择：一是选择和跨国公司一样的报酬，不拿股票；二是选择2/3的报酬，其余拿股票；三是选择1/3报酬，剩下拿股票。这样一种可供选择的薪资模式能最大限度地满足员工的物质需求，此外小米同样有很多的福利政策，这都是能够吸引和留住人才的地方。

当然，有了人才之后，如何对这些人才进行高效的管理，使他们的价值得到最大限度的发挥，也是至关重要的问题。雷军已经管了二十几年公司，形成了一套自己的人事管理经验和方法。他认为，在这方面很重要的一点就是层级之间的沟通和员工的自由度。一方面，要确定上下属之间的业务汇报内容，避免在汇报和沟通上浪费人力、物力。另一方面，要给予员工一定的自由，让其专注于自己的研究工作领域，并能充分利用公司里的其他一切资源。

研发的互联网模式

用雷军的话说，小米虽然销售成本不高，但是由于小米用了全行业最优秀的一帮人且只做一两款产品，实际上在单款产品上的投入是同行平均水平的5~10倍。

在制造业中，管理成本、研发成本是一个产品的固定成本。在当时小米决定打造手机精品并要保证低价时，就注定了它要付出不菲的研发成本。如果小米销售量非常低，那么其固定成本就会非常高，并让企业发展陷入困境。不过可喜的是，小米一经发售就有了很好的销量并仍在不断攀升。这样一来，在小米巨大的销量面前，分摊到每一部手机上的成本就降低了很多，小米也在这样的过程中实现了规模效益。

但这并不是雷军研发模式的全部，他要做的是把互联网思维灌注在其研发工作中。他想的是:"能不能建立一个10万人的互联网开发团队?而且还不用支付研发费用呢?"这种模式就是雷军的互联网研发模式,现在这一想法因互联网带来的巨大便利而变得不难实现。

互联网技术在全球的迅速发展打破了原来的地域限制,网络空间中,人与人之间的接触和合作变得即时而简单。这种普遍的联系方式在改变人们社会生活的同时,也深刻地改变了行业的生产方式,为商业提供了新的发展机遇。互联网制造了一个自由、宽广的空间,在这个空间里,企业与普通消费者可以进行广泛、直接的接触,两者的关系不再仅仅是生产者和消费者的关系,而逐渐表现出一种紧密合作,共同进行生产的状态。互联网的开放性让企业从固定生产场所的束缚下得以解脱,最终在移动互联网的推动下,企业与消费者呈现出一种共享协作的升级模式。

现在,许多公司都开始通过互联网使客户加入到产品研发的过程中。乐高(LEGO)玩具制作公司就是一个典型的案例。该公司允许消费者下载公司软件来进行虚拟的玩具设计,设计完成后,消费者可以将自己设计的宫殿、机器人等上传到公司的网站。如果有人要按照这些设计布置自己的玩具卧室,就可以出价购买,有些设计甚至可以标价到1000美元。

在外人还没看清小米研发模式的时候,雷军已然有着自己的计划,而MIUI正是这个计划的核心。MIUI于2010年8月推出,是一款基于Android原生系统并经过了深度优化的第三方操作系统。它改进了原生体验,能够给用户带来更为贴心的Android智能体验。MIUI支持包括小米在内的几十款手机的刷机功能,在很早之前就支持23国语言,拥有了国际市场上相当数量的用户。MIUI一经推出，刷机人数超过150万，周活跃用户达到近80万。2015年2月，在美国旧金山的媒体沟通会上，小米也正式宣布，MIUI用户超过1亿。

MIUI的一大特色也是手机发烧友们最热爱的一点，是这套系统保持着每周一次的更新周期：周三晚上新功能截止，周四周五留时间修复Bug，每周五下午5点发布更新的"橙色星期五"的开发模式，一度成为MIUI用户每周的期待。在用户收到新版本的提示并下载完几兆的更新文件后，手机会自动进入刷机系统，刷完后自动重启进入正常使用状态。

而MIUI之所以广受欢迎并取得较大的成功，主要得益于互联网的开发模式，而这种模式所要付出的代价也是极低的。小米总裁黎万强说，每周五进行更新是MIUI互联网创作模式的主要表现，也最容易为用户所感知。小米的网络论坛在这样的生产模式中发挥着重要作用，它的产品用户或者是它的发烧友，在这个论坛里非常活跃，他们的意见直接决定了新产品的样态。比如，新版本的功能设置，哪些功能需要添加，哪些需要舍弃，甚至是系统的默认手机铃声都是在用户的投票中产生的。因此，小米对整个MIUI开发组的要求是全民泡论坛，无论你是产品经理、设计师、工程师、测试人员、还是运营人员，所有的人都要天天生活在论坛上，跟用户生活在一起。

有这么一个发生在小米公司的鲜明例子。一个居住在小城镇的"宅男"，生活窘迫，没有存款，没车没房没女友。有一次在上网的时候偶尔逛到小米手机的论坛，其中一个群组是手机的用户界面讨论，很多网民正在就小米手机的用户界面进行着热烈讨论，这个"宅男"被他们的谈话吸引了，也不自觉地在里面随便说了几句。不过让他没想到的是，几天后他竟然接到了小米手机工程师打来的电话。是的，不是手机客服，而是工程师。电话里说："哥们儿，你提出的意见不错，我还想再了解一下，我们整组的工程师都在研究那天你在论坛上留的意见，你的意见在我们组里引起了热烈讨论。"电话那头的"宅男"也顾不上只吃了一半的泡面，非常兴奋地侃侃而谈，提出很多自己的建议。于是在下一版本中，用户界面上的更新完全采纳了该"宅男"的意见，他的名字居然也出现在了新版本的感谢名单当中。

创业以来，小米受到过一些非议，不过MIUI却一直保持了高度的好评。MIUI在线下还会定期或不定期地在全国各地举办MIUI粉丝沙龙，让几十个人坐在一起对于一个共同感兴趣的话题展开深入讨论，聆听用户内心的真实想法。这种让用户参与产品制作过程的策略，不仅赢得了广大用户的好感，更使它的产品在众人的智慧碰撞中不断得到改进，然而并不用为他们支付报酬。

MIUI即"发烧友"，他们是一群希望提升自己安卓手机体验的人。要知道系统刷新还是有一定的风险和门槛的，所以能够迈过这个门槛的用户都有比较过硬的技术水平。他们对手机有着非常专业的理解，也因此成为核心用户群，并成为玩手机用户的意见领袖，对用户动机有很强的导向性。这种发烧友的粉丝模式也为小米手机的销售起到了非常好的带动作用，这同样节省了很大一部分营销费用。

雷军：乘势而为

活跃在 MIUI 论坛的用户不断给 MIUI 提需求、提意见，经常性地参与测试、投票，甚至直接与公司共同设计某个具体功能。这就是雷军当初构想的，组建一个有 10 万人的开发团队而无需给他们支付研发费用的模式。这其实就是一种"众包"模式，将自己产品的设计灵感、设计方法与内容交给互联网上的一大帮人。在这样的模式中，需求来自用户，产品评价来自用户。用户不仅使用产品，同时也真正成为产品的主人。

这种互联网研发模式极大地节省了人力资源开支。试想一下，如果要真正去聘用 10 万人，即使不是专职而是兼职，又该需要多少费用？在这支庞大的研发队伍中，只有一两百位是小米真正的员工，所以它只需要为这些正式员工提供报酬，但却获得了有 10 万人规模的研发团队。这个模式在节省人力成本的同时，也解决了员工激励的问题。雷军表示，在小米内部的人事管理中，他们并没有 KPI 这样严格的考核激励机制。小米这一二百人的设计师就在与用户的沟通中获得了激励，在他们身上找到了动力。客户对他们的褒贬直接影响着他们的工作状态：被用户夸奖，他们就会因成就感而更有动力；被用户骂了，就会因挫败而继续改进。

雷军提倡的互联网研发模式对传统企业的研发模式造成了颠覆性的改变。这种改变是三方面的：研发边界外向化；研发人员大众化；研发过程交互化。当然，这些改变并不是孤立的，它们往往互为依靠，相互体现。

首先，产品的研发边界发生了很大的变化。传统的生产和研发领域中，各个企业对自己的发展领域尤其注意保密与保护，把自己的生产过程与内容看得死死的，生怕别人看见了。它们往往只专注于自己的"一亩三分地"。

而如今，互联网的巨大变革力使得企业既有的研发思路难以延续下去，不得不打开眼界和研发边界，不断走出去扩大自己的研究领域，从而提高整体竞争力。

同时，这种边界的外向化直接导致了研发人员的大众化。传统中的产品设计与研发单纯是工程师、设计师的事情，其他人只能是被动的接受者和使用者。而在当下的环境中，只依靠固定角色的设计师、工程师进行产品的开发制作是难以保证产品竞争力的。在互联网带来的巨大便利中，用户可以直接参与到产品生产的全部流程，与企业一起研发具有实际意义、满足用户实际需求的产品。

另外，互联网生产模式之下，一个更为显著的现象就是研发过程的交互性。研发边界不断拓展甚至是逐渐没有边界，这不可避免地造成某些研究资源和研究主体形成交互，并随着研究的深入，这种交互性也在不断加深。这种交互性将带来资源和研发概念的高速流转，从而提高各自领域的生产效益。

这些改变主要来自于网络的巨大容量和高效运转。企业的生产经营活动必须要有即时的信息获取渠道，并掌握大量信息资源，这能为一个企业提供准确的判断和路径选择。互联网技术的不断进步，给企业搭建了极好的沟通平台和资源获取渠道。面对这些无限的资源，企业可有多重选择，根据自己的发展定位和用户的实际需求积极整合资源，实现资源的高效利用。显而易见，站在互联网这个风口上的小米，正是在互联网极大信息资源的东风之下才有了极高的运行效率，并保证了低价战略的整体执行。

雷军：乘势而为

去掉传统推广成本

雷军在研究沃尔玛时发现，沃尔玛很少做广告推广，甚至店内宣传海报上的人也是自己的员工，而不是花钱请的明星代言人。这也成为雷军在小米推广时把握的重要原则。在现实生活中我们也会发现，人们很难看到小米的广告，尤其是在传统的电视媒体和纸媒上。

不做广告的小米依然有着它强大的号召力，这主要得益于社会化媒体是小米品牌传播的主战场。这种低成本的营销途径也是最直接、最有效的。仔细分析就会发现，小米的推广已经出现在了国内所有的社会化媒体上。微信、微博、QQ空间及各类论坛都有小米的身影，这些都是人们接触最频繁的平台，它们几乎瓜分了人们的所有注意力，其传播效果是十分强大的。小米在这些平台工具上的影响力是其他品牌公司甚至是一些媒体都难以比拟的，比如，截至2015年11月，雷军和小米手机的微博粉丝数已经超过了1250万。

论坛、微博、微信和QQ空间与传统的电视、杂志比起来，最大的优点就是具有互动性，而且成本也相对较低，效果更好。另外，很重要的一点是这几个渠道都是免费的，这使得小米省去了一大笔推广费用。更有意义的是，这样的一种传播拉近了网友和小米的距离，人们对它更加熟悉、更加亲切，已经形成了一种良性互动，这为小米的网络直销打下了基础。

一般的手机销售无非两种渠道：一是自己开直营店，在全国铺展自己的销售网络，但成本很高。二是向苏宁、国美这样的公司授权销售，与之达成销售代理合作。但是小米并没有采用这两种颇耗成本的方法，它采用了互联网直销方式，省去了中间环节，没有了因为渠道建设而带来的巨大成本。另外，小米手机预约抢购的方式也降低了它的库存，避免了出现手机滞销的情况。

小米的电子商务直销把整个渠道和零售成本全部压缩了，而且小米的直销还是品牌电商，全部是自己在做，没有用其他的电商平台。雷军说："小米自己在网上开一个店，用户只在我们这里买东西，成本是很低的。但是如果用的是别人的电商平台，这个成本要比你自己做高很多。"

但随着线上竞争越来越激烈，线上成本越来越高也是不争的事实。甚至有人说，线上和线下其实并没有实质上的成本差异。国美电器总裁王俊洲说："很多人认为线上销售的成本远远低于线下，因为他们不用像线下一样投资实体店、装修门面、为店里的员工发工资。但是实际情况并非如此，随着竞争的加剧，线上的成本也在增加。"例如，作为线下规模巨大的实体店，国美、苏宁的商品采购量是十分惊人的，每年有上千亿的家电采购，这就具有一种十分强大的规模效应。但是很多电商不可能有这么庞大的规模，也难以在规模效益上得到好处，如京东每年只有200亿左右的采购规模。采购规模的差距直接导致线下实体店的成本明显低于电商。除此之外，在物流成本上，线上的成本要远高于实体店。与以京东为代表的电商6%的物流成本相比，国美等线下实体店的物流成本只有0.6%左右。

我们不得不强调这样的现实情况，电商如今需要付出的成本并不低。

它们不得不付出更多的用户获取成本和物流成本，像实体店要装修门面一样，电商也需要不时地更新完善自己的线上平台。此外，各类信息的获取及平台的推广等都需要很多的投入。随着平台推广费等各类费用的提升，电商的红利正在一点点萎缩，成本逐步向实体店靠近。

虽然电商平台的成本在当下的市场环境中有所提高，也造成线上交易的红利减少，但是小米还是利用自己的优势突破了困局，并在自己的垂直领域中做得风生水起。小米由于其强知名度避开了与其他品牌在同一个战场厮杀，从而寻求从品牌调性上突围，往个性化、小而美的方向发展。小米没有走花钱引流量的老路，而是利用微信、微博、互动社区等平台，增加自己的粉丝和重复购买率，从而在一种活泼自由的营销途径中获得了较大的用户群。

当然，从2016年开始，雷军及其团队也在尝试增加一些小米体验店，并且可能会进军一些线下渠道。市场格局此一时彼一时，但是不管如何，小米开始的几年或者说它的发家史中，去线下渠道以节约成本，是其重要的成功要素和特色之一。

时间是一种成本

"快"是雷军一个重要的互联网思维。诚如武侠小说中所说的："天下武功，唯快不破"。速度对一个创业公司来说是十分重要的，尤其是对

第三章 | 定价：在每一个价位段都是高性价比手机

于一个互联网创业公司。保持较高的发展速度往往具有非凡的力量，一个再小的个体，只要它有足够快的速度，任何人都不敢轻视。一方面它会因为抢占先机而赢得发展机会，另一方面，这种速度也会将一些企业面对的问题轻松化解。

小米手机从一开始就特别重视冲出市场的速度，率先引起人们的关注。事实证明，小米所采用的独特方法在市场上很快站稳了脚跟。Intel 公司的创始人之一戈登·摩尔曾经提出一个"摩尔定律"，这一定律认为，当价格不变时，电脑硬件每隔 18~24 个月性能就会翻一番。因此，随着时间的推移，一件产品的价格就会降低很多。一款手机推出时，其新品上市阶段成本最高，但是随着时间的推移和销量的提升，其成本就会慢慢下降。一些传统厂商就是利用这样的规律赢利，在一开始以高价售出手机，随着时间的推移再逐步降价，是一种先赢利后亏损的模式。但小米采取了一种完全相反的方法，它很像是一种先亏损后赢利的模式。在前期以较低的价格吸引大量用户，在很短的时间内形成规模效应，随后在成本的下降中开始赢利。

小米 4 刚开始销售时的价格只有 1799 元，这样一款高性能的手机在当时无疑是具有很强吸引力的。它迅速接到了很多的手机订单，其实这样一种先有订单再交货的模式本身就是一种获利模式。当人们用 1799 元的价格买下手机后，他并不能立刻拿到手机，而是需要一段时间的等待。按照摩尔定律，就是在这一段时间里，产品的实际成本价值已经有所下降，因而，小米手机从整体和长远来看是有获利的。但是采用这种方式，购买者仍然觉得很划算，并吸引了更多的人购买。

小米手机的快还在体现在它的销售方式上。因为是线上直销预订抢购的方式，所以它的产量就是销量，不会出现资源的浪费和产品的滞销。这带来的直接好处就是它以接近于零仓储的成本实现了资金的快速周转。这对于一个企业来说无疑是一个巨大的优势，资金的快速自由流动往往能实现更大的效益，并为未来的长远发展提供充分的支持，进而实现企业的迅速成长。

在雷军看来，时间是一种重要的成本。正如彼得·德鲁克在《卓有成效的管理者》中提到的："有效的管理者不是从他们的任务开始，而是从他们的时间开始。"衡量一个管理者能力的不是看他制订了多么详尽的计划，而是要看他是如何对待时间的，要看他如何管理时间，是否对时间有了最有价值的利用。珍惜时间，善用时间，这是评价管理者水平和企业效益最重要的标准之一。

时间管理理论认为，时间是一种完全没有弹性、无法储存、易消失、永远短缺、没有替代品的特殊资源，是企业管理无法替代的要素。毫无疑问，时间决定着一个企业的生死。但是长期以来，企业内部的各种成本管理，仅仅是对可见的材料选购及管理费用进行的把控，往往忽视了对无形的"时间成本"的具体规划。时间的浪费就是价值的流失，而所谓管理就是要实现最大价值。因而，在企业的日常管理中，必须保证在有限的时间内以最小的投入获取最大的成果。

我们再回到雷军经常研究的沃尔玛。沃尔玛的"天天低价"也得益于

第三章 | 定价：在每一个价位段都是高性价比手机

其建立起了基于时间成本管理的强大信息和物流系统，它拥有现代化的配送中心，商品所有的处理几乎都由机械来完成，这大大减少了人工处理的时间，保证了货物从仓库到任何一家分店的时间不超过48小时。它具有先进的卫星通信网络，为配送中心、供应商、具体分店提供即时的信息服务，保证订单的快速处理。所有这一切，都是围绕着时间成本而进行的，各种技术仅仅是压缩时间的手段。

互联网行业瞬息万变，智能设备行业更新换代的速度非常快。如果不能快速升级，产品就会被市场淘汰，从而造成大量的原材料库存的浪费。一个产品今天卖得好，不能保证它能永远畅销。如果小米进行大规模的量产，市场变化了，40万部库存很快就能把小米压垮。能更快速地适应手机领域、应用服务领域的快速变化，这将成为小米的一大竞争能力。

现在的互联网行业，快就是王道。雷军对一家游戏公司Zynga非常推崇。这家公司创立于2007年，它发展的速度特别快，在一年半的时间里就获得了超过2亿的月活跃用户。它之所以这么快就受到玩家的普遍认可，一个很重要的原因就是游戏产品的更新速度，它每周都会对游戏进行试错与完善。正是在这样的认知下，MIUI也一直在坚持每周迭代。"出新版本，就要有新功能，你就能非常快地推陈出新。"雷军一直通过这种做法给自己施压，将小米的发展速度提上来。

美国思科公司总裁约翰·钱伯斯曾说："在新经济时代的竞争中，不是大鱼吃小鱼，而是快鱼吃慢鱼。"企业必须要清楚，在竞争激烈的市场上，快速反应可以抢占先机和优势地位，可以有效降低成本和内耗，避免不必要的问题发生。很多时候，只要快人一步，就会步步领先。

一般来说，"快"是所有互联网企业的共同特点。在互联网行业里，只要慢下来或者止步不前，就已经确定了败局。互联网公司开发的产品必须要赶时间，正像前文所提到的，如果当时米聊能够提前一段时间推出，那么今天微信的地位或许就是米聊的。但是互联网行业就是这样，一旦错过了时间就永远也找不回来。"快"体现在各个方面，决策要果断迅速、产品推出要迅速、产品迭代要迅速、市场反应要迅速等。只有保证速度才能使企业及时抓住机遇，捷足先登，掌握竞争的主动权，将其他企业甩在身后。

紫米移动电源就是小米旗下一款"快"观念下形成的爆品，几乎在一夜间成为世界销量第一的移动电源产品。这个产品是如何产生的？雷军在自己的微博中提到："紫米创始人张峰对小米模式很赞同！他创业时，我建议他用小米模式做一个简单的产品，如移动电源，就有了紫米，就有了小米移动电源。"正是紫米集中精力，果断决策、迅速行动，它才能在一夜之间成为移动电源世界第一。

小米系的免费与收费

没几个人能看懂小米低价策略的真正意图。小米价格的低廉大家都知道，但是小米低价的真正目的究竟是什么？难道就是为了简单的销量和市场规模吗？显而易见，苹果在高端市场的霸主地位至今无人能撼动，但是三星还是在重重压力下崛起了，它依靠中端市场的突破向高端苹果发起了挑战。三星的战略是很清楚的，有别于诺基亚的单纯卖手机模式，三星采用了"手机＋系统＋商店应用＋内容"的一体化模式。而小米在手机市场的突围也有其自身的战略安排。小米借助低价策略只是进入低端市场的突破口，是它抢夺中国年轻顾客的战略步骤。

小米的志向绝不只是通过买手机来赚钱，手机只不过是小米大战略下的一个突破口。小米要通过手机获取实力强大的年轻客户群体，并以之为基础建立"硬件＋软件＋内容"的一体化模式，也即"路由器＋盒子＋智能家电＋智能家居＋绑定一系列软件及内容服务"。因此，小米绝不只是一家手机生产商，而更有互联网公司的性质。小米已经与美的达成了战略合作，此后将在智能家居领域进行不断的完善，届时小米也将与格力、海尔等进行竞争。回到手机上，小米手机仍然在其战略布局中持续发挥作用，虽然暂时与苹果、三星还有规模上的差距，但是小米最终也必将进入高端市场与它们一较高下。

很多互联网企业在一开始都是用免费的产品吸引大量用户，继而推出新产品和服务，在新产品和广大用户的基础上构建自己的商业模式。这方面的典型例子就是 QQ 和 360 安全卫士。它们打造自己的免费服务领域，包括一些传统企业收费的内容，从而扩展自己的用户群。在强大流量的基础上通过推出增值服务等其他一些服务，把自己的影响力变现。

免费是当下普遍使用的一种商业模式，这在创业公司及电商身上体现得尤为明显,它能在短时间内为一家公司赢来大量的关注和发展空间。当然,免费并不单纯指一件商品的零价格。它更为普遍的一种状态是,商品的价格很低,以低于竞争对手和平均成本的价格获得优势,进而为自己赢得市场空间。例如,一件市场价100元的衣服,它给你的价格只是50元,你可以拿本应是一件衣服价格的100元买到两件衣服。这就是一种免费,相当于其中一件衣服是免费的。

免费现象的根本问题在于这种免费模式如何赢利。从理论上讲,免费模式都要在这一过程中产生新的价值,如此,免费才是有意义的。一般来说,免费而可行的商业模式主要有两种。一种是生产者没有花费成本生产,即使全部免费也不会亏损。比如麦当劳的商业模式,它的模式就是以当时固定的成本创造出来的,之后对它所有复制的追加成本几乎是没有的。最后随着加盟店越来越多,它最初的固定成本也越来越少。还有一种是通过资源的整合创造新的价值,这个新价值可以被免费使用。比如打火机的模式,最初将打火机直接卖给用户,这是激烈的利润竞争。但是现在厂商将打火机集中卖给饭店,印有饭店标志的打火机免费送到用户手中,厂商可以从饭店获利,而饭店也有了广告收益。

互联网的免费模式同样有着新价值的支撑,并且互联网中的免费策略所产生的新价值是异常巨大的,这也是很多互联网企业取得成功的原因。如今很多做得成功的互联网公司几乎都是从当年的免费模式中走出来的,如Facebook、谷歌、新浪、QQ、淘宝等。它们在吸引了海量用户之后就通过各种途径将其流量变现,在广告、虚拟产品等方面取得了可观的收益。

第三章 | 定价：在每一个价位段都是高性价比手机

《互联网周刊》主编姜奇平说过："免费与中国文化的兼容度，要远高于与美国文化的兼容度。免费在美国近于异端，在中国却是正统。"中国的市场似乎更需要免费，也更加期盼多领域的免费。在一定程度上说，"免费"经济在中国似乎拥有一个比美国更肥沃的商业土壤。

互联网思维就是基本功能免费，增值服务收费。QQ的聊天功能是免费的，通过QQ秀、腾讯游戏赚钱；360的杀毒软件是免费的，通过广告收入赚钱。它们不可能对QQ聊天、杀毒软件进行收费，如果收费了就不可能有那么多的使用量，也不会有今天这样的规模。那么对手机来说，该使用怎样的模式呢？按照这样的套路，那就是手机硬件免费，利用手机软件、配件、互联网服务等增值服务收费。但是手机硬件不可能像QQ这样的软件一样实行完全的免费，因为它需要实在的材料，每一部手机都要一定的生产成本。那么它该实行怎样的免费模式呢？就是让手机以贴近成本的价格进行发售，在获取大量使用者的基础上再通过增值服务获利，这是一种稳健的模式。

小米采用的正是这种模式。小米通过各种途径降低手机的生产成本，利用接近成本的价格获得较高的市场占有率，进行大范围的铺量。通过在手机上的软件配置和周边商品的售卖，保证赢利。小米要打造的是一个互联网巨头公司，绝不是要简单地卖手机，增加销量只是为自己以后的发展打好基础。这张网只要在前期铺得足够大，最后不仅能依靠它的软件和互联网服务获益，而且也能凭借这张巨大的网形成以后总产业上的生态链，其产业规模是不可估量的。

雷军：乘势而为

小米如今正在做的，就是从硬件领域迂回包抄软件和互联网领域。虽然它表面上看是手机公司，但无疑具有互联网公司的基本内核。只要手机的量或者说是手机内 MIUI 的量达到一定水平后，它就能开始像其他互联网公司一样进行大规模的增值获利了。

小米所走的路很独特，是很多巨头都没有走过的。它没有直接做一家硬件企业，也没有直接做一家互联网企业，却是"曲线救国"，从硬件着手迂回进入互联网领域。其实这也是无奈之举，硬件方面有华为、酷派等老牌实力企业；互联网又有腾讯、百度、阿里巴巴等巨头。所以在这样的形势下，小米只得被"逼上梁山"，走上了用硬件迂回包抄软件和互联网的路。

其实现在我们就能强烈地感受到小米已经开始赢利了。发展到现在，小米的用户量已经相当可观，小米手机上也开始越来越多地出现了自家的软件，如米聊、小米小说、多看阅读等。而按照其部署，之后也将会继续出现更多的专属软件，这些都将成为小米的获利渠道。小米以极低的价格强力进入硬件领域的初衷就在于此，一旦硬件为小米铺好了路，之后就是小米一路高歌的阳关大道了。

想要完成小米最后成为互联网巨头的最终目标，关键还在于对互联网思维的坚持运用上。坚持基本功能免费，增值功能收费这一思维，在硬件和软件的良性循环中扩大商业版图。就像 2015 年 2 月 13 日雷军自己宣布的，MIUI 用户已经超过了 1 亿，那么随着 MIUI 用户的继续增加，它的软件产品和互联网服务就会给小米带来极为可观的利润。软件服务带来的巨大利润可以拿出一部分,继续补贴硬件,进一步提高手机的性价比,进而获取更多的用户,如此开展一种良性而稳定的扩张。

最后,我们还是要回到起点,也就是小米的价格上来,这是小米强力进入硬件市场的利器。毋庸置疑,小米凭借其高配低价的口碑在推出伊始就引起了整个行业的关注,也在相当大的程度上成为了手机市场上价格的标杆。理论上说,在市场规律面前,手机价格无需规定也无需指导,但在具体层面上,某些产品往往被视为标准,为其他商家提供参考。很明显,小米已经扮演了这样的角色。

特别是当小米完成在千元内和2000元档布局,已经或者接近成为国内市场销量最大的手机品牌时,国内的大部分手机品牌均在不自觉地向小米看齐,一方面对其进行一定程度的效仿,另一方面则与小米进行激烈的市场争夺。于是如今的手机市场呈现出这样一种情况,同等价格之间的竞争愈加激烈,例如,"中华酷联"(中兴、华为、酷派、联想)在千元领域内与小米的竞争,魅族、一加等在2000元范围内与小米的竞争。伴随着这样激烈的竞争,很多手机的价格也逐渐在这一局势中降了下来。

媒体往往批评价格战,认为这种行业现状是一种破坏式的存在,会让手机行业陷入一种恶性循环,导致手机产业生态被破坏。这种质疑有一定的道理,但是从产业发展的宏观层面考虑,这是不可避免的阶段。雷军认为,在这样的竞争过程中,只要操作得当,将会推动行业进步。价格战发展到最后,使消费者受益,也会实现产业质量的升级,它最终会以品牌、质量和服务的提升作为结果。

第四章

传播：超出用户预期，形成口碑传播

> 如果你的产品做得好，互联网很快就会让你的产品有口皆碑；如果你的产品做得烂，互联网瞬间就可能让你臭名远扬。
>
> ——雷军

建立良好的品牌传播，其目的在于提高品牌在目标受众心目中的认知度和美誉度，从而不断提升品牌的隐形价值。企业必须通过自觉的品牌传播来实现与消费者的互动，从而使消费者了解产品、体验产品、评论产品。互联网思维的提出与践行，极大地契合了企业品牌传播以用户为核心、以"传者—受者"互动为常态的特点。互联网提供给社会的，不仅仅是一种交流方式，更以一种全新的传播方式，实现了生产方式和生产结构的改变。互联网带来了海量信息的高速流转，为企业提供了全新的生产理念及营销方法。互联网兼具了由点到面和由点到点两种传播特性，既可以在宏观上起到大众传播的作用，又可以在微观上涉及人际传播的范畴。

　　雷军缔造了小米，以"互联网思维"成名的小米确实创造了一个商业奇迹，这也主要得益于他多年来对整个行业商业模式的思考。雷军的互联网传播思维做得风生水起，主要离不开"口碑""群众运动""粉丝"等关键词，小米的传播形式主要围绕它们而展开。

雷军：乘势而为

以超出用户预期的方式形成口碑传播

维珍集团是全球品牌建设的标杆企业，其董事会主席理查德·布兰森爵士说过："如果你能给予消费者超过他们预期的产品，那你就离成功不远了。"这也是雷军在深入研究海底捞成功的原因后，得到的结论。用户预期很大程度上决定着企业的口碑传播，主要呈现出这样一种简单的关系：如果你的产品低于用户预期，用户就会对你不满意甚至反感，继而形成负面评价；如果你的产品与用户预期相符，用户会对你表示满意，但也仅仅是满意而已，这只是你应该做到的；而如果你的产品能够超出用户的预期，用户就会十分惊喜，对你产生强烈的好感，进而对你进行主动的宣传，形成良好的口碑传播。

安徽"三只松鼠"成立于2012年，是中国第一家定位于纯互联网的食品品牌公司，也是目前销售规模最大的食品电商企业。它在上线7天内就有了1000单的销售额，在2012年"双十一"当天日销售近800万，在坚果行业跃居第一。2013年"双十一"开启5分钟后，"三只松鼠"就斩获了100万元的销售量，累计销售额更是超过了3562万元。

"三只松鼠"只是一个位于三线城市的新兴电商，但却在短短的时间内取得了巨大成功。而它成功的关键就在于四个字——超出预期。那么，"三只松鼠"是如何做到超出用户预期的呢？在启动市场之前，"三只松鼠"

第四章 | 传播：超出用户预期，形成口碑传播

团队认真思考了消费者从开始购买到最终食用的每个环节，在每一个具体细节上下功夫，让消费者能享受到最大限度的便捷。在制作自己的产品和提供服务时，他们力争做到精致，使松鼠形象更加突出，将产品做得更有时尚感，在每一个细节上为顾客考虑。比如，他们为用户提供开箱器、吃坚果的工具、扔果壳的纸袋，甚至还有吃完擦手的纸巾。另外，他们的整个商业过程真正抓住了互联网营销思维的核心，以平等交流的姿态与顾客建立亲密的联系。这在很多细节上有着直接的体现，在送给顾客的包裹中经常会有写上各种提示语的纸条，这些内容往往轻松调皮，像好友的玩笑一般让你会心一笑。另外，它记录每一个顾客的购买历史，根据他们的购买次数和购买物品提供个性化的购物体验。除了提供优质的产品和服务外，"三只松鼠"也会经常性地赠送小礼品给顾客，给他们额外的惊喜。试想，面对如此超出用户预期的贴心服务，人们怎么会不喜欢呢？

人们对一个产品或是商家的选择，往往取决于它是否能消除我们的忧虑。作为一个互联网品牌，"三只松鼠"不仅消除了顾客对网络品牌的担忧，还为他们提供了非常贴心的服务，并考虑到了连顾客自己都想不到的地方。这时，就会自然使用户感动，并且在社交圈中卖力地为他们做免费推广。

前文中已经提到，雷军认为超出用户预期是赢得口碑的关键。做大众消费品的人可能已经感觉到，消费者的话语权和影响力已经日益加强。如果你的产品做得好，互联网很快就会让你的产品有口皆碑；如果你的产品做得烂，互联网瞬间就可能让你臭名远扬。这一切在过去是不可想象的，而在今天，每个人都能借助自媒体发出自己的声音。

雷军：乘势而为

在互联网时代，用户体验对产品成功的影响越来越重要，已经成为一个关键要素。在很多行业，用户买了商家的产品，并不是消费行为的终结，而是开端。一个企业的成功并不在于它一次性将多少产品推销出去，而在于它是否凭借良好的用户体验获得人们的普遍认可。当用户拿到了你的产品之后，他才正式开始了消费，而你能否在卖出产品后让人们有一个愉快的消费过程，这才是最重要的。这不仅关系到企业的口碑，也决定了一个企业的生命。

在这里我们讲一个真实的小故事。有一个美国人叫 Scott McKain，有一次他需要到一座城市进行演讲。这是一次很重要的演讲，要面对很多商业领袖。为此，他特意提前准备好了一套很好的西装。但不幸的是，他的西装由于航空公司的失误没能准时拿到。在万分紧急的情况下，他给当地一家普通的男装品牌店打电话，希望能尽快定制一套新的西装。这家服装店迅速做出了反应，不仅马上准备了符合 McKain 尺码的优质西装送到他面前，甚至还有藏青和炭黑两种颜色供他挑选。最后 McKain 如期完成了演讲，而且在愉快心情的影响下还有超水平发挥。虽然 McKain 对这个品牌的了解程度仅限于听说，以前并没有购买过这家店的衣服，但就在这一次偶然的消费中，他对这个品牌产生了强烈的好感，也彻底成为它忠实的粉丝。这个小故事是雷军举出的"超出用户预期"的典型例子，也是他感触最深的事件之一。

对于口碑的具体内涵，雷军是这样解释的：所谓好的口碑，并不是指一套具体的可以参考的参数，达到什么样的程度你就一定会获得良好的口碑。决定口碑的是用户的预期，你要考虑的是用户有怎样的预期，而你又能给他怎样的实际体验。一个四星级的酒店，用户对它的预期也就是四星级的一般标准，如果它提供的服务能够突破这个标准，那就能赢得好的口碑。

在小米刚开始做手机时，雷军曾反复强调，一定要保密，一定要低调。他解释说："如果人们知道这个手机是雷军做的，它的制作团队怎样怎样豪华，那他们必然会有很高的期望值。因此，我们就不要让他们知道，让他们以为小米就是一个名不见经传的公司做的。"小米在一开始并没有进行很大规模的宣传，没有故意地抬高产品，只是在网络的论坛上放了几个帖子，小米的名声就在简单的口口相传中打响了。随着小米手机良好口碑的广泛传播，它也逐渐在世界范围内为人所知。雷军说："有一年，美国一个博客站提名了小米做年度产品，这样一个意外的褒奖让我感到汗颜。为什么？他们觉得这个产品好是因为他们没有期望。如果他们有很高期望值的话，就不可能说这个产品好了。"

关于超出用户预期，雷军提到了一个例子：有时公司会欠用户发票，很多公司可能过后只是补上了发票，并没有其他的动作。但如果站在消费者的角度换位思考，如果一个公司欠我发票，那它应该怎样做才能弥补当时它对我的亏欠？对此，小米完全洞悉消费者的心理，所以，小米手机在为用户补上发票的同时，会附上一张精心制作的卡片，上面写着"亲，久等了，对不起。"另外，小米还会赠送一张手机贴膜。就连这张毫不起眼的贴膜，他也要求员工多次改进。在一开始，制作出来的手机贴膜很简单，略显粗糙，既不能直接贴在手机上，也不适合放在包装盒中。雷军对这一点很不满意，他认为，虽然这是免费送的东西，但它直接关系到用户对小米的评价。于是他要求制作者要认真地做，一版一版地改进。这种态度最终得到了人们的普遍认可，收到这种经过精心设计的贴膜以后，很多用户都在微博上晒照片分享。

通过这件事，雷军感叹道："中国的商业服务水平还是很低的，提高的空间也非常大。在我们的产品和服务上，只要花一点儿心思就能打动消费者。"就是在这样的环境下，只要一家企业肯在一些细节上多用心，它自然就能逐渐获得广大的忠实用户。

这是一种普遍的现象。本来消费者只是买了一件产品，但消费者拿到产品时，发现不仅产品的质量非常好，而且还获赠了一件很好玩的小礼物，收到了额外的惊喜。这时消费者内心深处就已经慢慢对这个品牌产生好印象了，而这种好印象是十分关键的。需要明白的是，第一印象的好是由产品品质决定的，再次印象就是由附加值产生的。

雷军认为，把产品送到消费者手上后，如果还能在消费者的内心上再烧一把爱的火，这样的传播就会更真切。人们真正需要的，不仅是一个产品本身，更是这个产品能够带来的心理满足。比如我们买一个杯子，喝水永远是需求的全部吗？并不是。最终促使消费者买这个杯子的原因，是它带给用户自身的心理满足和杯子的所有含义。

买了一个杯子，既可以喝水解渴，又可以在喝水的过程中改善心情，还能喝着水回忆一段往事，这个杯子是多么的珍贵啊！卖煎饼的店家到处

第四章 | 传播：超出用户预期，形成口碑传播

都是，"黄太吉"煎饼的口味也未必比别家高明，但这并不是重点，重要的是"黄太吉"的用户体验一级棒。"黄太吉"的服务态度很好，用餐环境令人愉快，顾客在这里还经常会发现一些新鲜有趣的东西。所有的消费者都肯定愿意为超出自己预期的体验买单。那么，具体来说，"黄太吉"都超出了用户的哪些预期呢？

"黄太吉"门前是不允许停车的，这一点"黄太吉"无法改变。但是当顾客走进店里的收银台时，第一眼看到的不是菜单而是一份"停车攻略"。教顾客如何停车不会被罚款，而一旦顾客还是不幸被罚的话，店里就会送他们一碗南瓜羹，以此舒缓顾客的心情。不止这些，每逢"光棍节"，只要顾客能拍照证明自己是"光棍"，他就能享受到油条买一送一的优惠。六一儿童节时，会有化装成超人和蜘蛛侠等卡通人物的工作人员给大家送煎饼。像这样类似的活动还有很多。因此，给予顾客超出预期的体验，不一定非要做出多大的优惠，有时候只需要一个小小的惊喜，就能让消费者对你赞誉有加。只要赢得了消费者由衷的认可，他就会主动为你进行传播，逐渐形成品牌效应。

一个企业只有在人际传播的机会得到大幅提升之后，它营销的最佳时机才会真正到来，效果也会最好。在心理学理论与营销实践的结合下，得出这样一个公式：品牌预期+现实=失望/满意/惊喜。比如，服务提供者或商家对消费者的承诺很高，但却不能完全兑现承诺，就会造成消费者的失望，让消费者抛弃该品牌。这种带着失望与不满的离开往往是永久性的，这有别于由其他原因导致的暂时性离开，一旦有了这样的印象，这个

商家就会因为消费者的流失而面临极大的危险。

在现代企业管理中,据调查,从付出的劳动量来看,感情服务占20%,规范服务占70%,惊喜服务占10%。但是它们所产生的效果与这样的比例并不相符,往往是感情服务占20%,规范服务占10%,惊喜服务占70%。[1]可见"惊喜服务"付出的劳动量最少,但获取的影响与效果最佳。所以,在服务或营销中,绝对不要让消费者失望,而后再通过一些策略与技巧给顾客带来惊喜。持续为顾客创造惊喜,就会提高用户的黏性,进而形成很高的品牌忠诚度。人们自发的广泛认可往往比重金宣传更能打造出稳固的品牌形象,这也是雷军强调的超出用户预期所带来的口碑传播效果。要记住,让消费者主动认同并喜欢该品牌是企业发展的基本立足点。

把产品"透明化"也是一种广告

雷军认为,以往的电视广告靠塑造漂亮的产品形象,模糊产品真实的成本结构,以获得超高的利润。而他要做的,却是反其道而行之,把产品成本透明化,把产品结构透明化,让消费者了解每一个零部件的质量、结构和成本。

雷军说,智能手机是一个黑盒子,很多人都不知道里面是什么,所以传统的手机公司就拼命砸广告,把广告做得非常唯美,给人的感觉是产品

---

[1] 李晓军."惊喜服务"与经济效益.现代营销(经营版).2009年6月.

很好，这是传统的营销方式。他在做小米手机的时候，把小米手机的每一个元器件都透明化，鼓励用户拆机，鼓励专家去评点手机细节。

雷军觉得，用户对企业的信赖是无价的。同仁堂有一句话"修合无人见，存心有天知"，这是雷军将产品透明化的思想源头。市场上很多公司效仿小米的成功路径，但是，同样的方法造就了小米的成功，却把很多别的企业带到了沟里。雷军在反思这个问题的时候总结道："从方法论上来说，每家公司都只是盲人摸象，只学到了小米的一部分，而不是小米的全部。很多学习小米的公司不只是'跑偏了'，而是南辕北辙、逆势而为。"

至于雷军为什么认为在互联网环境下，要做到产品透明化，他的解释是：互联网给这个社会带来的最根本的改变是对称，简单来说就是信息的对称。

信息是一种力量很强大的资源，很多时候，掌握资源就是对财富的占有。而在很多时候，资源和财富的不对等就在于信息的不对等。从信息对等的角度考虑，商业营销必须要保证真实。互联网时代中，没有人能对信息实行真正的垄断，过度宣传会被用户借助互联网搜索工具轻易地识破。互联网环境中，一切事物都在快速发展，信息也在快速流动，任何公司都没有秘密可言。

雷军认为，在信息获取日益便捷的互联网时代，企业必须要真诚。这个时代，在消费者变得越来越透明的同时，企业也在变得越来越透明。若干年前，企业相对于消费者来说，是非常具有优势的，那就是我想让你知道什么，你就知道什么；我不想让你知道什么，你就不知道。但是今天，

雷军：乘势而为

情况已经发生了转变，你不让我知道，我总能在多种渠道中知道。微博、微信、各类论坛等种种社交平台有着海量信息，人们可以轻而易举地知道真相。因此，要想赢得消费者的尊重和认可，必须与他们坦诚相待。

因此看来，雷军的这种透明式的产品传播思维实际上与互联网造成的信息透明化趋势是一致的。我们知道，信息获取方式总共历经了三次颠覆性的变革，第一次是印刷术实现了知识的普遍传播；第二次是电报、电话实现了信息的即时传播；第三次就是互联网带来了信息形态的综合性变革。第三次变革要比前两次更具颠覆性。相比以往两次的变革，互联网既可以实现一对一的传播，也可以实现一对多、多对多的传播，它让一切变得透明。很多人说的"互联网会消除一切中介"，其实就是指不透明的逐渐消失。

从前大家每晚聚在电视机前，一股脑地吸收电视中播放的内容，处于"被传播"的位置。然而互联网时代却逐渐改变了这一现状，人们的思想反过来影响媒体报道内容的情况逐渐多了起来。对大众来说，不仅仅是获取信息的渠道和发表个人相关信息的手段越来越多，还包括表达个人观点的成本变得极低。信息的流动彻底突破了物理空间限制，并以极快的速度大规模传播，无孔不入。

这样的结果是，以往那些掩盖产品真实信息的广告传播方式受到了挑战，因为消费者通过互联网可以对产品的构成及成本的价格了解得一清二楚。互联网技术造就了世界的高透明度和互通性，消费者不仅能获知大量信息，而且形成了在掌握大量信息的基础上判断信息真伪的能力。利用越来越多的发声渠道，人们往往会揭露并批判虚假的、具有欺骗性的东西。

因此，有不当行为的企业必将被客户、员工和市场抛弃，企业也必须规范自己的商业行为，只有这样才能在市场上获得生存空间。

这种透明式分享的精神也表现在雷军对其他事情的处理上。雷军说他自己曾走过15年的弯路，所以现在特别愿意跟大家分享，让大家少走弯路。雷军对于一些处于竞争位置的同行——如华为派来参观访问的高管都很认真地接待。雷军觉得既然小米是一家互联网公司，它就必须非常地开放、透明，家里有什么东西都要乐于与他人分享，因为分享是互联网的基因。他愿意把他知道的全部都告诉别人，当然如果别人要是愿意讲的话他也愿意倾听，这就是他所理解的互联网文化的核心精神。

意见领袖建立传播信任度

在大众传播领域有一个舆论领袖的概念，它是二级传播理念的核心。1940年，美国社会学家拉扎斯菲尔德在宾夕法尼亚州进行了一个著名的舆论调查。他对当时美国总统大选的过程进行了研究，以期弄清楚影响选民投票的因素。他在研究中发现，影响他们投票的最主要的因素不是大众媒介，而是一小部分选民，这部分选民就是舆论领袖。信息的传播并不是直接从媒介到民众，而是从媒介到舆论领袖，然后再由舆论领袖传递给民众，呈现出这样一种二级传播的现象。舆论领袖或者是意见领袖，他们位于媒体和民众中间，在信息传递过程中发挥着重要作用。他们在大众中有着极强的引导力和控制力，民众自觉地受他们的意见引导。

这种意见领袖在生活中作用显著，尤其在互联网环境中更表现出了强大的力量。微博、微信等社交平台催生出来很多意见领袖，他们掌握着十分强大的话语权。他们在各类平台上的文章、言论会引起公众广泛的关注，并深刻影响着人们的意见和行为。

微博、微信中的意见领袖，包括艺人明星和行业名人，他们发布的信息受到广泛关注，发表的言论受到热力追捧。比如，一个做奢侈品内容的职业公众号就没有一个专业的奢侈品鉴赏家或消费者有影响力。前者可能会在自己的微信平台上为公众提供大量的奢侈品内容，但是自己的生活可能完全跟奢侈品没有关系，人们对它的利用也仅仅是获知信息，并不会对自身产生很大影响。但后者就不同了，后者可以凭借自己专业的分析和个人经验指导人们的行为，或许他的粉丝并不多，但他却拥有很大的权威性和影响力。

英国曾经有过一份调查，具体分析哪些因素影响了人们的消费决策。大部分人在这个调查中都表示，直接影响自己做出决定的是值得信任的人的推荐。在这里，值得信任的人除了亲朋好友之外，就是那些有着巨大影响力的意见领袖了。在民众眼中，意见领袖往往具有一般人不具备的眼光和专业判断，他们没有与商家形成利益关系，他们的意见是值得参考的。意见领袖的建议在很多人看来都是可以信任的，这种作用是明星代言等商家广告所不能比拟的。

雷军深知对意见领袖的有效引导和合作是营销中的关键环节之一。在小米的推广过程中，他就充分利用了意见领袖的影响力进行网络宣传。主要体现以下几个方面：

首先，小米充分利用几位创始人在行业内的意见领袖作用，增强小米在行业内部的影响力。雷军无疑是这个行业的意见领袖之一，他在互联网领域有着很强大的号召力。作为中国最早一批进入互联网行业的领军人物，他有着强大的专业能力和多年的创业经验。他曾创办卓越网，多年执掌金山软件，从事风投，创办小米，他的从业经历已经成为中国互联网产业发展的组成部分。因此，雷军作为意见领袖的地位毋庸置疑，他的影响力也是十分强大的。当然，除了雷军之外，小米的几位联合创始人无不在行业内有着极大的话语权。

其次，充分发挥各种手机测评机构的作用。将这些机构的测评结果在网络上进行广泛传播，为其高性价比提供证据，影响消费者的认知。网络技术的发达使人们更倾向于通过网络突破空间限制，从权威人士、意见领袖身上为自己的决策寻找建议和依据。就像买手机的时候会去查看手机测评网站一样，当人们选择看一部电影前，也会去各类影评网站去看看电影的评分、影评推荐等。专业的手机测评机构就是一个典型的意见领袖群体，他们的专业性很容易获得手机消费者的信任。

再次，利用网络名人和草根达人进行营销。我们在电视上经常会看到明星代言，利用明星效应扩大产品的影响力是很多企业的选择。名人效应不仅仅局限在具体的娱乐明星身上，也要充分利用网络名人的影响力。一方面将所谓的明星和专家学者带到网络上，将他们的影响力转移到网络上进行营销。另一方面，要及时利用不断在网上出现的草根达人、网络红人等，他们在网络上往往有着更大的影响力。

另外，网络推手的作用不容忽视。网络推手是近几年在互联网上风靡的新兴事物，大家熟知的"假装在纽约""天才小熊猫""留一手"都是网络推手所造就的红人。这些人有着专业的网络推广团队，利用专业化的手段策划一些具有极大影响力的网络事件，吸引广泛的关注，进而实现具体的推广目的。在当前的网络营销中，他们有着很大的力量，也是很多企业进行产品推广时的普遍选择。

最后，发挥粉丝的力量。小米的营销中，粉丝发挥了极为关键的作用。小米的粉丝长期泡在 MIUI 论坛中，他们普遍非常年轻，对手机有着专业的了解。作为非常活跃的社会群体，他们往往能对身边的亲朋好友直接产生影响。

雷军领导下的小米充分发挥了各类意见领袖的作用，将他们对产品的直接感受广泛传达出去。在以二级传播为主体的一级级传播过程中，小米的良好口碑逐渐在广大的消费者中蔓延开来，使消费者对小米形成了固定的认知，并进而影响了他们的消费决策。在这样的一个良性循环中，小米也逐渐形成了自己的品牌影响力。

小米为什么要找意见领袖，而不是做全网式广告轰炸呢？雷军的想法是四两拨千斤。研究发现，一个产品要想推广出去，着重选择几个关键的人就足够了，他们将最终带来广泛的关注。有一个很能说明意见领袖作用的例子。"哈利波特的魔法世界"刚刚推出时，环球影城的新媒体和市场营销副总 Cindy Gordon 受命为它策划一场全球市场营销活动。环球影城和华纳兄弟公司本可以大笔一挥,花掉上百万美金来做广告推广。但是 Gordon 并没有这么做,而是成功找到 7 个最具影响力的博主和哈利波特的粉丝基地。Gordon 和园区开发人员为这些人准备了一场私映,之后就让这 7 个人在自己的博客和粉丝基地上做推广,利用自己信息的传播优势激起话题并不断扩散。最终,全球有 3.5 亿人听说了环球影城度假村将要建主题公园的消息,而这样大的传播效果恰恰是这 7 个人实现的。

对于小米而言,意见领袖除了传播产品信息、建立产品信任度外,还会对小米品牌产生以下作用:

一是有利于树立小米公司良好的品牌形象。人际传播是最无害的一种传播形式,它能在提高企业美誉度的同时完成自己的品牌打造。人际传播因其客观性、亲密性,传播的内容更容易为消费者接受。只有当意见领袖和其他消费者对产品形成了由衷的认可并予以自发传播时,企业才会拥有良好的口碑,这样企业就在顾客心目中建立了良好的品牌形象。

二是容易形成品牌认知度和顾客忠诚度。当小米形成的良好口碑在网络上广泛传播时,由于信息源广,途径很多,网络用户可以随时随地通过各种途径了解到小米的产品。这是一种潜在的影响,哪怕最后并未形成实际购买行为,也在无形中增加了消费者对企业的品牌认知度。

网络是营销人员和企业交流者要面对的新世界。经由意见领袖发布的信息,可以影响到成千上万的买家,这是传统营销和公关无法企及的。

雷军：乘势而为

"粉丝经济"中的"经济"之道

　　古往今来，人群中的精英往往有着大批的追随者，这就是粉丝。粉丝的力量十分强大，在当今的商品社会中，粉丝的力量主要以粉丝经济的形式表现出来。粉丝是一群对特定对象的接受者，他们专注于对某一具体对象的喜爱和倾慕。因为喜爱，他们往往进行与之相关的消费行为。粉丝经济不仅仅是对物质的消费，更多的是一种心理的满足，精神上的快慰。粉丝经济在一开始直接表现在众多的娱乐明星身上，追星族及其追星行为直接带动了粉丝经济的兴起与繁荣。到现在，明星效应之下的粉丝经济依旧是一个显著的现象。

　　毋庸置疑，互联网时代的到来，使得名人的形象变得更加鲜活。歌星、影星、体育明星、作家等名人通过互联网能够轻易实现和粉丝的互动。同时，互联网的飞速发展本身也造就了一批互联网明星，这些人借助新的手段，吸引了越来越多人的注意并迅速形成了自己的粉丝群，在明星效应下获得了很大的商业利益。

　　随着商品经济的日益加深，粉丝经济也不再仅仅是对于明星的消费，逐渐出现了因某一件或某一系列的商品而引发的粉丝经济。比如在苹果手机的热潮之下，很多人成为"果粉"。苹果因其产品的独特性和精良性吸引了很多人对它喜爱和追捧，一经发售就引发人们的抢购，其热度是其他手机所不能企及的。当然，苹果的神话是由乔布斯缔造的，"果粉"在一定程度上也是乔布斯的崇拜者。

从某种意义上讲，苹果"教父"乔布斯是互联网时代粉丝经济的集大成者。在他之前，人们关注的更多是科技公司本身，至于公司里面的那些看起来"愚蠢"的软件工程师，人们无暇关注。但是乔布斯改变了人们的习惯，他凭借自己的实力一手打造了受万人追捧的苹果手机，使苹果成为一个时代现象，也让他在人们的心中成为一个魅力非凡的英雄。成为英雄甚至被神话的乔布斯和他的苹果公司在全世界拥有了大量粉丝，苹果新品一发布，人们就会日夜排队抢购。

乔布斯的成功激励了很多人，苹果的粉丝模式也成为很多人效仿的对象。2012年，自媒体人罗振宇和他的团队创办了知识性脱口秀节目"罗辑思维"，它的公共平台上也在很短的时间就集聚了大量粉丝，同样依靠粉丝经济取得了较大成功。2015年10月"罗辑思维"完成B轮融资，估值13.2亿元人民币。[1] 罗振宇对粉丝经济深有体会，他曾拿自己举例，说明粉丝经济带来的巨大利益。以前给杂志写稿，一篇文章取得的报酬是固定的。但是在自媒体上，如果一篇文章传播广泛，为足够多的粉丝所喜爱，100万粉丝每人"打赏"一毛钱，他都会得到很大一笔钱。

对于小米来说，粉丝经济也是它取得成功的关键。雷军对自己的粉丝力量非常自信，他说："凡是去过发布会、周年现场的人，都能感受到小米粉丝的热情和力量，这是一种真情互动。"

---

[1] 罗辑思维完成B轮融资，估值13.2亿人民币.腾讯科技.2015年10月23日.

雷军：乘势而为

从饱受行业诟病，到被全行业乃至社会认可，"米粉"发挥了重要作用。小米在各类论坛、微信、微博等社交平台上有着大量的粉丝，对小米有着极高忠诚度的他们自愿而积极地进行宣传。小米和"米粉"之间有着紧密的联系，而且这种关系一直维持得很好。

粉丝经济也是企业对顾客资源的一种管理。粉丝除了是产品的忠实购买者和使用者之外，他们同样是产品或者服务不断进行改善的动力之源，是一个企业保持发展活力的关键。小米的粉丝直接影响着小米的产品形态，因为他们不仅是被动的消费者，还是主动的生产者。

这种生产体现在两方面。一方面，忠实的粉丝由于对小米的归属感和认同感，他们往往会自觉地向身边的人进行宣传，进行正面的评价，不断拓展口碑的传播范围，这对小米来说就是一种营销效果的产生。另一方面，小米的粉丝会自觉地参与到手机的设计与改进中，这一点已经在前文中提到过，小米的粉丝就是其研发团队的组成部分。小米的粉丝既可以作为普通手机使用者反馈用户体验方面的意见，又可以凭借他们的专业知识为手机的改进提供具体建议甚至参与制作。这对于小米来说，是一个取之不竭的能量源泉。

但是，想要享受粉丝带来的好处，也必须为之付出一定努力。需要和粉丝建立良好的互动、沟通机制，以朋友的身份真诚地对待粉丝。首先，企业必须要以正确的态度对待粉丝，不要试图欺骗和单纯地利用粉丝，要以合伙人的态度看待他们。其次，必须要保证有方便、高效的沟通渠道和平台，不断完善沟通机制，不会因为一些客观因素造成粉丝流失。

第四章 | 传播：超出用户预期，形成口碑传播

凭借强大的粉丝经济，在2014年淘宝"双十一"活动中，小米创造的奇迹超乎想象。在天猫平台上，小米手机占这一天全部卖出手机数量的70%，销量遥遥领先于其他手机品牌。2015年的"双十一"活动中，小米天猫旗舰店总支付金额超过12.54亿元，成功加冕天猫"双十一"全品类单店第一，手机销量第一。[1]

美国的网络文化观察家提出了"1000铁杆粉丝"的理论。他认为，如果一个人拥有了1000个忠诚的粉丝，那他不用付出很多努力就可以通过粉丝养活自己。在当下的社会环境中，注意力经济已经发展到极致，谁能得到更多的关注就能获得更多的财富。这一点现在在微信上得到了淋漓尽致地体现——拥有众多粉丝的名人正在用微信平台赚钱。

以明星的微信公众平台为例，明星在微信公众平台推出付费会员制，会员可以通过付费获得更多的与所谓明星互动的机会，这也引起了很多人的关注。这个平台上的会员有好几种形式，有10元的月卡，也有50元的季卡，还有100元的半年卡及168元的年卡。从月卡到年卡，这种精确的划分以及明码标价可谓是专业而商业，互联网思维的运用在这里得到了最大限度的发挥。明星在这时显然成为了一种可以用来消费的资源，人们一旦付费成为会员就可以享有一些特权，可以走近明星一睹"芳容"。毫无疑问，作为一个拥有100万粉丝的明星微信平台，明星本人不用忙别的就可以坐收大笔财富了。哪怕是这100万粉丝中只有十分之一的人选择付费，那他也将会有千万元的收益，这怎能不让人惊叹。微

---

[1] 告诉你一个你不知道的双11. 网易财经. 2015年11月13.

信的付费会员制当然不是明星的首创,很早之前,做自媒体的罗振宇就做出了这种尝试,并且也收获了百万元的会员费。在这些巨额收益面前,每一个粉丝都是捐赠者。

如今,小米在一定程度上似乎成了粉丝经济的一个代名词。迅速壮大起来的小米手机有着深刻的社会基础,它是在当代中国流行文化语境中繁荣起来的粉丝经济的直接结果。它突破了一般意义上的物物交换逻辑,成为一种文化现象,背后凸显了文化产业意义沟通与体验的特征。

几乎可以说,小米的成功是以粉丝为基础的。小米有着一套粉丝文化的生产机制和营销模式,这种接近实际日常生活的商业模式成就了小米。一方面,它借助于广大粉丝的主动参与,利用众包的方式完成了产品的创意设计及不断完善升级。这种给小米带来无限价值的参与,或许也在于参与本身给了粉丝们一种身份构建的精神快感,或者说是当家做主人的情感满足。另一方面,小米拥有了一群最真诚的粉丝,他们只靠着最简单的情感归属为小米做着持续的免费推广。拥有这样的粉丝力量,一个企业怎能不迅速发展壮大?

社交媒体

"一个月不看电视到底有什么意义?"尼尔·波兹曼曾以自问自答的口吻写道:"这充其量是一种苦行。"但是如果拿这个问题问现在的人,尤其是问现在的年轻人，恐怕没人会有类似的回答。他们早已习惯了不看电视的生活，即使是回到家习惯性地打开客厅的电视，更多的也是一种形式上的意义，很少有人会真正在意电视上说了些什么。年轻人很快地就抛弃了曾经占据生活大量时间的电视，并没有几个人觉得没有电视是一种苦行。不过，要是让他们一个月不玩儿微信、不登QQ、不刷微博，怕是没有几个人能忍受这种"可怕的灾难"。

传统媒体的影响力正在急剧下滑，网络技术的进步和移动互联网的日趋完善已经深刻地改变了信息生态，信息的获享方式和传递方式也都不再是以前的样子，年轻人渐渐在社交媒体上难以脱身，也乐在其中。如今，每个人的时间和精力都大把地投入到了新的媒体形态中，并乐此不疲。

一开始，人们将精力和视线放在博客这个新的网络平台上，在上面书写和感知着社会的动态。后来，微博成为主要的信息源，任何事情在上面都能在第一时间传到人们的耳中，而每个人也可以在上面自由地发布自己的信息。与此同时，QQ、微信加入到了这样的阵营中，给了人们更多可供选择的信息交互平台。这样的社交媒体越来越多地参与到人们的日常生活中，成为最重要的组成部分和生活参考。人们在这些平台上用文字、图片、视频发布着自己的所见、所闻、所感，构建着自己的日常生态。同时，也目睹着其他众多个体在这个平台上同样构建起来的生态，每一个人的日常生态交叉在一起，至此，人们实现了社会交往和社会关系向网络的转移。一切信息和生产在社交媒体上得以流动，它们的力量也在这些平台上得到了扩大。

雷军：乘势而为

在社交化媒体成为主流后，信息发生着"核聚变"，传统的主流信息传播主体失去了以往的权威地位，每个人都可以实现有效的传播。这就意味着此前凭借资金实力掌握主流传播渠道的企业没有了宣传上的优势，它的广告效果难以与其广告成本相符。同样，没有资金实力的企业，也可以凭借自身优秀的创意内容，获得意想不到的关注度。

社交媒体带来了信息环境的深刻变革，首当其冲的是传统媒体，如报纸、电视。BBC遭遇了转型的痛苦期，但它也因此搭上了社交媒体的顺风车。几年前BBC曾经做过一个民众调查，他们发现，在视频网站YouTube上收看BBC内容的用户与在BBC自己网站上收看的人数几乎一致。在这样的情况下，BBC为了扩大自己的影响力，主动在YouTube上开辟了BBC视频内容专区。另一方面，社交媒体也成为BBC的主要新闻源。这也成为媒体行业一种普遍的现象：社交媒体既是传统媒体的主要新闻源，同时也成为传统媒体为了维持和拓展自身影响力的信息发布平台。

雷军对社交媒体尤其重视，他也经常表示很庆幸身处于社交媒体的时代。在小米创办的五年时间里，微博、微信的巨大影响力给了小米很多机会。这个机会体现在什么地方？产品好、价格便宜，就能够利用社交媒体在非常短的时间内传遍大江南北。雷军当时创立小米时，也没想到会有如此快的成长速度。他们的产品是2011年8月发布的，2012年第一年就销售了126亿元人民币，而在2013年和2014年分别销售了326亿元和743亿元人民币，2015年虽没有公布销售额，但是在销量上依然达成了比2014年增长17%的业绩。雷军认为社交媒体的传播速度比以前快了很多，以前需要花大量金钱做广告，今天也不再需要了。在以往的传播环境里，有人会说"酒香也怕巷子深"，但是在今天这样一个社交媒体环境中，可以说已经没有了"深巷子"，好东西很快就会人尽皆知，坏东西也很快就会"传千里"。

在以往的营销环境中，像诺基亚、摩托罗拉等成熟的大品牌，每年都要花很多钱用于推广。对于一个新的手机品牌来说，要花大笔钱用于推广会是个大难题，但是小米作为手机行业的新面孔，却几乎没有在营销推广上花过钱。在小米刚刚推出时，雷军为了以预购的形式推出，在微博上发起了一个活动。他发起了让大家秀自己用手机历史的活动，让参与者说说他们之前都在什么时间用过什么手机，花了多少钱。这在微博上形成了非常积极的互动，一共约有56万人参与其中。利用这样一种方式，小米没有花一分钱，但是却赢得了大量的关注，使很多人一早就成了小米的粉丝。在这样的效应下，小米手机首次预售时，34小时内就收到了30万部订单。

小米在微博等社交媒体上投入了很大的精力，将营销的重点放在这些平台上面。在微博关注度最高的时候，小米在微博上进行大规模的抽奖活动。雷军亲自写微博，几乎每天都要更新。小米还有一个20人的微博团队，在微博的运营上用尽了心思，力争使其传播效果最大化。小米尤其重视负责微博的人员，技术人员也在这样的团队中，为了与网友进行有效的互动，他们还组织了一个400人的客服团队。小米对微博等平台的重视由此可见一斑。

在2014年腾讯微视开始流行时，很多品牌都已经建立了自己的微视平台。小米也很好地利用了微视这一新型社交媒体的传播，取得了很好的效果。在这个平台上，小米一条微视的观看量经常超过1000万次，也由此成为首个进入"微视千万俱乐部"的企业级用户。小米手机利用互联网的传播特性，推动产品在微博、微信、论坛、微视等社会化媒体的传播，不断通过制造轰动性事件、争议性话题等，吸引受众眼球，扩大影响。

由于强大的信息传播能力，社交媒体除了能带来超乎预期的销售爆款之外，更颠覆了传统的市场调研方法。营销人员不再需要从事以往繁重的调研工作，在社交媒体的巨大便利下，他们很容易就能获知消费者的想法。在了解消费者的意见之后，企业就可以进行符合市场需要的产品改进。

小米的无锁刷机系统就是在网友的直接作用下诞生的。按照本来的设计，为了避免手机后续服务上的麻烦，小米决定不提供这个功能。但是，小米论坛上不断有发烧友呼吁安装这一功能。就是在网友的一致要求下，小米考虑到了用户的实际需求，最终提供了刷机系统。还有一个案例则是小米手机的输入法。在刚开始，MIUI系统的输入法是安卓系统的初始输入法。之后，用户投票决定采用搜狗输入法，于是小米手机就更换为这一输入法。半年后用户自主发起第二轮投票，他们最终建议不放任何输入法，由用户自主选择，小米同样听取了这个建议。

可以看到，正是在这样一种企业与顾客新型、和谐的关系中，企业的利益和用户的实际需求得到了最大限度的统一。不仅能将自己的问题尽可能在产品形成之初就得到解决，同时也最大限度地考虑了消费者的需求和利益。

在社会化媒体时代，越来越多的企业高层正努力放下身段，以一种更亲民的姿态去聆听广大消费者的心声。在小米公司，包括雷军在内的很多高管都是这样做的。他们主动在微博上发布产品信息，耐心回答粉丝的问题。

这种关系的构建需要有足够的勇气和诚意，很多企业的高管有时候并不能建立这种有效的关系。他们既没有学习微博等新型沟通手段的勇气和毅力，也不能接受网友自由而略带指责性的意见，缺乏真正的诚意。那么，再多、再好的社交平台都不会对这些企业发挥作用。

新媒体营销时代除了要求企业高层有更高的沟通技巧之外，还要求高层有勇气对企业各个运营层面做结构性的调整。黎万强承认，在社会化媒体时代做企业营销，虽然能做得更快、更精准、更深入互动，但是它涉及的不仅仅是营销层面，更是运营层面的事情。整个企业运营都要在这种形势下做出调整，如企业组织结构、管理方式等。在新型社交工具的影响下，原来社交文化的强关系、强链接特点，正在被弱关系、强链接所替代。人不可能孤岛化生存，总要依赖群体。在新型社交环境下，每个人对新型社交也更加期待和想象，企业也能从中挖掘更多的社交红利。

"海鲜生意"中没有"饥饿营销"

"饥饿营销"是指商品提供者有意调低产量，以期达到调控供求关系，制造供不应求的"假象",以维护产品形象并维持商品较高售价和利润率的营销策略。在当前的市场环境中,某些品牌经常性地使用这种方式进行营销。

"如果你没有在'等待名单'上排过队,就不能算是一个合格的奢侈品粉丝。"奢侈品行业用这样一句"经典名言"来定义一个人是不是奢侈品的真正爱好者。这样的表述很容易理解,去排队购物并不一定代表着一件商品足够好,而在于它以一种稀缺性来营造出它的好。这种奢侈品的价位和口碑往往是被制造出来的。以香水为例,当某一种限量的香水售罄之后,专柜工作人员总会表示近期不会再有货。Hermès、Dior、Chanel、Gucci等众多奢侈品牌,都有着一串长长的等待名单,很多人在名单上一等就是一年多,更甚者可能等上四五年。

这是一种普遍的现象,越是处于饥饿状态下的商品,越能激发用户的购买欲望。那么小米是否也采用了这种营销手段呢?雷军在接受我们的专访时,特别希望通过本书澄清一个事实:小米从来没有进行过饥饿营销,用户买不到手机,是因为小米的产能实在是跟不上用户的需求。

雷军说:"首先,电子产品只要是爆款,一上来势必供不应求,iPhone 6就是这样。我们看到很多同行学小米模式,也出现供不应求的现象。很多人就会说这是行业规律,其实,供不应求并不是刻意为之的。产品的供应链和制造有一个不断优化的过程,它不可能无限制地大量生产。比如iPhone 6,一上市它的供货量就很大,它需要很长一段时间从事生产,这个时间或者在手机发布前,或者在发布后。无论怎样,大家都需要等这

第四章 | 传播：超出用户预期，形成口碑传播

么长的时间。"

雷军继续解释道："大家说我们有意制造饥饿营销，说我们明明能做得出来就是不做，或者明明有货就是不卖。我觉得大家在开玩笑，我们已经是世界第三，中国最大的手机公司，我们一个月卖出600多万只手机，如果我们不做、不卖，那怎么会有这么大的销量？我们做的是'海鲜生意'，大家是因为买不到小米手机而心生不快，再加上一些人恶意误导，才会产生这种说法。"

雷军继续解释："海鲜生意如果今天有货，但不卖掉，明天海鲜就坏掉了。即使不坏掉，也没有今天的价格了。手机市场的更新换代很快，虽没有海鲜那样明显，但是也不容小米有货不卖。之所以出现供不应求的状况，一是因为小米手机的确大受市场欢迎；二是产能确实不够高。生产需要与市场有一个长期的磨合期，生产计划必须要综合考虑市场的因素。"

雷军这样说："我们现在要订三个月以后的元器件，但是我们并不知道能卖出多少手机，市场变化莫测，盲目地购买元件进行生产是很危险的。"不过，雷军也说，随着生产的不断磨合，产能肯定会逐步提升。

对此，我们不妨看看小米一款产品发布的步骤，基本可以划分为五部曲。

● 前期造势：通过各个社交媒体进行广泛的话题引导，制造网络热点话题，MIUI论坛、微博、微信等平台都是营销主战场。通过发烧友在人际传播中实现良好口碑的大范围传播，同时，进行新闻营销，不断推出营

销文章，在其他一些网络平台上投放。

• 发布会：在发布会上以尽可能丰富的形式展现产品特性和主要功能，吸引广泛的注意。另外，通过视频直播、微博互动等方式扩大发布会影响，进行集中式营销。

• 预约（预发售）：发布会之后进行手机的预约，抢购之前加入这一环节，也是为了延缓等待手机正式发售的时间。

• 抢购：小米手机在开放购买之后很快就会宣布"售罄"。这是前期进行营销的直接结果，正是此时小米被人冠以"饥饿营销"之名。

• 米粉活动：4月6日是小米公司成立的日期，为了回馈广大"米粉"，与他们建立良好的关系，小米将4月6日定为米粉节。这一天，公司将举办盛大的粉丝狂欢与答谢活动。事实上，这样的活动也是一次大规模的广告活动。米粉节在网络社交文化中进一步加深了网络营销的影响，形成了极高的关注度和曝光率，而这样的成本与代价是极低的。小米一直在进行着积极的营销活动，而这一切的目的就是为了扩大手机的销售。因此，饥饿营销的说法是站不住脚的。

从目前的手机市场上看，手机销量不断上涨，产品的销售群已经扩大，手机的供应越来越多。在市场经济条件下，由于充分竞争，商品永远是过剩的，供不应求只是暂时现象。小米的销售方式其实准确来看就是预订式的无库存营销，先预售，到一定时间再开卖，这种按照预售订单来安排的生产保证了产品的销售，因此，往往销售的结果是没有库存，这是小米营销的核心竞争力之一。

在传统手机行业中，企业管理层会做库存需求预测。然而库存需求预测很难做好，再加上手机行业竞争激烈，产品更新换代的速度越来越快，使得存货的有效时间越发短暂。如果积存的货物太多，极有可能面临存货贬值的风险，给企业造成严重损失。依据用户的订单来安排生产的小米，完全可以避免这一问题的出现。这保证了企业的活力，不至于受过剩商品所累。这样一种方式不用大量存货，最大限度地提高了存货周转率，降低了生产成本，提高了公司的赢利能力。在有效减少资金的占用和经营风险的过程中，进一步优化了公司的财务状况和抵抗风险的能力。另外，小米在加速流转，减少损耗和存货贬值损失的同时，实际上有了精力进行更多更有价值的创新，保持了充分的发展动力。

小米这种快速反应和高速运转的发展方式恰恰符合了"生鱼片理论"，这个理论由三星CEO尹钟龙提出。这个理论认为：从海里捞到的金枪鱼，第一天能以很高的价格卖到一流的餐馆；第二天，能以一半的价格卖到二流的餐馆；等到第三天，就只能以四分之一的价格卖给三流的餐馆了；到了第四天，再低的价格也没人买了。在市场环境快速变幻的今天，一个企业必须要在产品生产与资金的周转中保持灵动，才能保证企业的生产效率。

第五章

渠道：颠覆渠道规则

　　选择网络渠道销售，一是可以直接接触消费者并获取市场信息，与消费者形成良性互动。二是可以通过缩短传统销售渠道，节省渠道加价的费用，降低产品价格，提高小米一直强调的"性价比"。

——雷军

超级地面终端的出现，使得商品流通的速度和效率都大大提高，同时也改写了企业与渠道之间的话语权走向，渠道变得非常强势甚至霸道，所以我们越来越多地听到"渠道为王""终端制胜"等说法。但进入互联网时代，商务活动的基本原则已经完全改变，传统的分销渠道在这种环境下正不可避免地经历着巨大的变革。

雷军很清楚，生意上没有永恒的敌人和朋友，无论是合作还是对抗，其实只是企业不同的策略选择而已。但是对于他而言，必须要远离传统依靠地面商超、手机卖场等渠道的思路，而改用互联网渠道思维。这似乎是从小米自诞生起，就由其基因赋予的任务，也是雷军认为的正确和理性的决策。

雷军：乘势而为

传统渠道不再为王

营销渠道决策是管理者面临的最重要的问题之一。拥有渠道的分销商往往在整个商品利益链中占据利润主体，在一点在美国表现得尤为突出，一般而言，分销商将会占据商品售价三成到五成的毛利润。相比之下，广告费用只占到最终售价的 5%~7%。营销渠道代表了一种重要的机会成本，其主要作用之一是将潜在的顾客转化为能带来利润的顾客。营销渠道不仅要服务于市场，更要创造市场。

渠道选择会影响其他所有的营销决策。使用线上店还是线下店直接决定着公司产品的定价，不仅如此，不同的渠道也决定着产品最终流向的人群，这同样决定着公司的推广决策。此外，渠道决策是一种比较稳定的企业规划，包括与渠道公司做的相对长期的合作承诺以及推出的一系列政策。一旦一个企业授权独立的经销商销售它的产品后，制造商不能第二天就买回其经销权而代之以自己的经销点。但同时，渠道选择本身取决于公司基于市场细分、目标市场的选择和定位考虑而制定的营销战略。全方位营销确保这些所有不同领域的营销决策综合起来可以创造出最大的价值。

20 世纪 80 年代，以家乐福为代表的一大批国外卖场先后入驻中国并以很快的速度迅速扩张，它们凭借实惠的商品价格极大地吸引了众多消费者的注意力。这些商场制造出了各类营销名目，如"店庆费""进店费"

等，这些概念给中国市场营销行为带来了明显的变化。面对这类渠道引起的销售市场变局，绝大部分企业为了提高销售量，扩大产品的市场占有率，最后都与之建立了长期而深度的合作。20世纪90年代，国美电器、永乐电器等一批家电卖场在中国出现，发展速度之迅猛令人瞠目结舌，逐渐改变了中国消费者在百货店购买电器的习惯，而"逛逛家电卖场"成了他们的第一选择。

从零售卖场到连锁终端，从服装、医药、电子产品等行业渠道逐渐成形到这些渠道不断丰富并成为影响一个企业发展的关键性存在，产品渠道已经成为影响产业发展、决定产业走向的决定性力量。对于面对这些渠道的众多企业来说，这既是提高自身效益的机会，也是受制于人的无奈。一方面，面对这些强势而有效的销售渠道，他们的产品只需要放在这些渠道里就能有很好的销量和收益，而自己不用在上面付出太多心思。另一方面，自己的产品必须要在别人的渠道里进行销售，这不得不说是受制于人的处境。一旦渠道不通，企业就会岌岌可危，因此，很多企业不得不费力去讨好渠道。

一件产品从制造商到消费者手中，中间必然要经过物流、经销商、卖场几个环节，它们在这个链条中占有着不同的利益分成。一般而言，制造商的利润占比为8%，物流的利润占比为15%，卖场终端的利润占比为17%。它们虽然是这个产品供应链条中相当重要的存在，但是它们的利润份额却远不及各级经销商。经销商往往成为利益链条中的最大赢家，占有约60%的利润份额。由此可见，各级经销商在整个产品营销中发挥着决定性的作用。

即使是品牌建设做得很好的企业，经销商同样是它能保证持续发展的关键。经销商不仅直接影响着企业的产品销量，更掌握着品牌形象的命脉。因此经销商会成为企业进行品牌建设和公关活动首先要拉拢及打动的对象。

在线上线下渠道的抉择中，小米毅然选择了网络营销渠道。在这一对市场的影响力越来越大的渠道里，小米充分抓住机遇，将网络营销的作用发挥到极致，直接推动小米手机的销售迅速火爆。2011年，智能手机的热潮兴起，虽然很多人开始拥有这一时尚的新产品，但是面对它普遍较高的价格，更多的人则望而却步。而在这时，拥有极高配置的小米却打出了极低的价格。这款低价位、高质量的手机迅速让消费者惊喜不已，最终形成了小米手机的销售火爆。这样的成功自然离不开小米在网络营销平台上的积极操作。

小米手机的目标用户主要是年轻人，他们在了解年轻群体追求时尚、热衷网络的特点后，有针对性地展开产品推广。小米充分利用网络平台的力量，通过官方网站、微博及论坛等途径进行广泛的产品宣传，为小米的正式推出预热。在小米的推广有了一定效果后，小米就在自己的官网上开始手机的预购，在一步步的推广和销售过程中，小米逐渐形成了专属的网络电商的营销模式，在获得极大成功的同时也成为与其他手机品牌最大的区别。

为了保证小米手机的低价优势，小米始终在坚持和完善着自己的电商销售模式。小米的网络销售渠道以自有的官网作为主要销售渠道，保障小米为消费者提供优质的产品和售后服务。除此之外，小米也开辟了新的电商渠道作为补充，如与腾讯 QQ、天猫、苏宁电器等的合作。在这种网状的销售布局中，小米保证了产品的全网覆盖率，从而在保证低价的基础上提高销量。小米选择了一条线上渠道占主力，线下渠道辅助的渠道攻坚战。但是无论怎样，小米一直力求把渠道控制在自己手上，从而能够有效管理价格和客户群体类型。

从戴尔得到的启示

对雷军来说，对其营销渠道思维影响最大的，就是戴尔电脑绕过中间商直接面对消费者的直销渠道。为此，我们先从戴尔模式讲起。

戴尔公司的创始人迈克尔·戴尔 18 岁那年上考了美国得克萨斯州大学，像大多数新生一样，他需要自己挣零花钱。当时电脑热刚刚在大学校园中兴起，人人都在谈论个人电脑，没有的人都想买一台。但经销商出售的电脑产品价格昂贵，很多人难以购买到一台既能满足他们的特定需求又价格低廉的电脑。为什么经销商在电脑上加了一点点附加功能后就卖得这么贵？迈克尔·戴尔先是百思不解，继而豁然开朗。为什么不直接从制造商那儿买来电脑，再直接卖给用户呢？于是他在制造商那里将积压的电脑以批发价买回，再自己给机器加一些不同的特性，然后以低于零售价 10%~15% 的价格卖出去。就此，他开始了电脑直销的生意。

雷军：乘势而为

迈克尔·戴尔向他的父母说明他在从事电脑销售业务并表示要退学自己办公司，而父母更关心的是他的学业。不管父母如何阻止，迈克尔都不为所动。最后他的父母妥协了，他们允许迈克尔在暑假期间开办自己的电脑公司，但是如果他在这期间失败了，就必须要回学校读书。

就这样，迈克尔·戴尔尽自己最大的努力创办了戴尔电脑公司，而这一年他只有19岁。迈克尔在一开始专门从事直接向用户销售IBM公司的个人电脑业务，并以低价取得了较好的效益。一旦接到订单，他就开始广泛采购电脑部件，按照客户的要求进行装配，增加个性化的功能。在自己的销售模式中，他的公司取得了开门红。戴尔公司第一个月的销售额就达到了18万美元，第二个月增至26.5万美元。到他大学毕业的时候，戴尔公司电脑的年销售额已经突破7000万美元。在取得了这一阶段的成功之后，戴尔公司不再简单地加工改装其他品牌的电脑。自此之后，迈克尔开始自行设计、制作并销售自己的产品，戴尔也逐渐成为世界知名的电脑品牌。

如今，戴尔公司已经是世界500强企业，成为全球领先的计算机直销商，产品和服务遍及180个国家和地区。戴尔公司在短时间内取得巨大成功，主要得益于它的销售模式，其独特的销售模式主要体现在以下三方面。

第一，戴尔十分注重直销营销的运用。美国直销营销协会将直销营销定义为一种互动的营销系统，这一营销系统主要依靠特定的广告媒介，目的在于使产品推广能在任意的地点产生直接而明显的交易。与所有的营销目的一样，直销营销同样是为了赢利。但这种营销方式更具特点，营销渠道多为个性化的媒介平台，目标受众也更有针对性，这种营销往往能够产

第五章 | 渠道：颠覆渠道规则

生直接的效果，获得消费人群的直接回应。虽然网络直销的营销方法不是戴尔首创，但是戴尔却将这一方法用到了极致并为自己带来了巨大的利益。网络直销可以使厂商直接面对消费者，双方建立直接的联系。这可以让戴尔对市场情况与产品实际需求有精准的把握，进而实现企业的按需生产，避免出现产品积压、滞销的情况，同时有利于戴尔公司资金的盘活和提高资金利用率。在这一点上，小米的预售策略和MIUI系统的更新无疑是采取了同样的方法。

第二，戴尔有良好的网站建设和数据库支持。电子商务的发展依托于网络技术的发展，没有网络技术这个平台，直销营销手段再好，也没有运行的空间和运行的力度。另外，随着客户群体的增加，客户在购买产品时必然要提前查询了解产品信息，没有网络技术的支持，这也会极大地增加企业的运营成本。戴尔对网络平台和数据库支持高度重视，不断进行技术更新和系统完善。在有了基础设施保障的前提下，戴尔为客户提供了网上订货、网上查询、技术支持等多项服务。具体体现在：①可以满足顾客自定义配置计算机构件的要求，先进的网络支持让用户可自由进行选择，按照自己的特定需求预购电脑，在更有效率的同时也保证了较高的成交率。②方便客户查询信息，用户的信息需求在网上就可以得到满足，无需频繁地进行电话呼叫。③建立技术支持知识数据库，减少了客户请专业维修人员维修计算机的烦恼，客户可以自己进行产品维修和维护，提高故障检查效率，减少了公司的后期维护成本。

第三，戴尔十分关注客户关系管理。戴尔公司建立了以客户为中心的

雷军：乘势而为

客户关系理念，重视客户的意见和信息。客户通过戴尔公司提供的网络服务获取产品信息，自主挑选电脑配件并购买，戴尔公司为用户建立信息档案，通过他们的具体购买经验了解其具体需求，进而为客户提供具有针对性的服务。另外，戴尔也通过他们自己的营销途径获取用户的反馈和意见，根据这些意见做出及时调整，最大限度地获得用户的好感，与客户建立良好的关系。

虽然戴尔在完善的数据库支持下，有利于提供符合客户要求的富有竞争优势的产品和服务。但是，戴尔模式也存在缺点，消费者对产品只能通过网络了解，无法直观地判断一款笔记本电脑是否真的符合自己的需求。

为了解决这个问题，小米在很多地方建立了小米体验店。消费者可以进店体验小米产品，可以获得最直观、最实际的感受。雷军也曾亲自带领众人去办公室旁边的"小米之家"去现场感受。

戴尔电脑开创的"直销电脑"与小米手机的销售模式有异曲同工之处。这种模式不再使用以往的传统销售渠道，而是利用互联网渠道进行产品销售。这极大地减少了中间环节的成本，降低了产品价格，从而让利给客户。实际上，互联网销售手机的方式早就存在，只是许多品牌没有完全将宝押在互联网上，仍然对线下销售渠道十分重视。而雷军完全放弃了传统的销售模式，让小米在互联网上得到了最大范围的推广，并直接成就了小米的巨额销量。

第五章｜渠道：颠覆渠道规则

抛弃层层加价的渠道规则

渠道对企业发挥着重要作用，这直接反映在渠道为企业运营节省成本上。企业的产品生产出来之后，渠道将这些产品从生产地流散出去，使之到达广大的消费市场。这些渠道将会汇集多个制造商的产品，到达产品的需求地后，这些不同类别的产品经过分类展示给消费者。从工厂里出来的产品到现在已经成为单个的、少量的待购产品，消费者在这里进行直接购买。在这样一个过程中，制造商只需要专注于商品生产，不用付出精力和成本在具体的销售过程中。他们将自己的产品交给专业的渠道，在渠道的层层传递下可以将产品送到每一个消费者手中。出于对企业成本与利润的实际考虑，大部分的企业都选择了这种方式而不愿自己去完成产品的具体售卖。渠道更接近消费者，更懂消费者。让渠道去做整合，是工厂非常省力的方法。

企业销售渠道最主要的一个任务就是完成商品在空间上的传输，这主要是为了解决产品生产地和消费地之间的矛盾。工厂为了尽可能多地获利，往往会进行大规模、大批量的生产活动，然后再把在工厂里装配完成的大量货物卖到各个地方去。但是企业无法在每个销售地都建立工厂，只能依靠运输，而这时就必须要考虑运输成本。在商品的空间转移和运输中存在着一个"交易最小化"的原则，也就是说，工厂交易的次数越少，针对工厂自身来说运输成本也越小。如果工厂要自己完成产品的销售，它需要对每一件产品做二次劳动，即把它卖给单个的消费者，并承担单件物品的运输成本，这对工厂来说是一个沉重的负担。而如果把所有产品都交给渠道去集中运输和售卖的话，工厂就轻松得多了。

企业销售渠道要完成的另一个任务是解决商品在时间上的矛盾，即商品供给与需求不同步的问题。在现实生活中，由于市场的复杂性，产品生产出来之后往往不能很快就被消费购买，呈现出一种滞后或者不同步的状态。面对这一问题，大部分企业主要依靠库存。也就是企业生产出产品后，先进行库存，等消费者需要时再拿出来。工厂如果进行直接销售，直接面对消费者，那么工厂就要保持大量库存来保证消费者的随时需求。这对工厂来说，也是一个巨大的负担。因此，工厂都选择用渠道来分解库存，减轻库存压力。产品生产出来之后迅速转移给批发商、代理商，通过多渠道的产品转移保持安全的库存量。多渠道构成了安全库存的需求总和，解决了工厂自身需要大量库存的问题。渠道帮助工厂实现了分散储存，达到了加速货物及资金快速周转的需要，这就在一定程度上解决了供给和需求不同步的矛盾。

渠道通过对产品的整理、运输及库存，发挥了它巨大的作用，这就是传统分销渠道的作用。小米所依赖的网络渠道也是渠道，它的作用仍是完成商品在空间和时间上的转移，但是这种网络渠道已经在功能上有了极大的变化。

首先，因为网络本身的特点，产品按类别展示给消费者的这个环节发生了根本的变化。批发及零售不再是实物的分类与展示，而变成了虚拟的分类及展示。在网络平台上，不需要用复杂、繁重的实物做展示，只需要用文字、数据、图片及视频等元素呈现商品的具体形态。这样的分类展示节省了大量的人力、物力，也节省了大量的实际空间，而且利用网络技术的整理分类往往更加有效率，更有利于用户搜索查询。当然，这在突破空间限制实现商品呈现的同时也存在着一定的弊端。虽然网络技术的发达能使消费者对商品有着非常详尽而视觉化的了解，但是虚拟物品与实物的呈现方式还是有差别的，两者的实际体验并不相同。

其次，把产品传递到特定消费市场的环节也有明显的变化。目前，网络渠道对产品运输的方式有两种。一种是直邮或快递，即产品直接从工厂发货，是一种零售的模式。这个模式无论是对厂商还是对用户来说都不是最好的方法。首先，工厂在进行生产活动的过程中不得不分出一部分时间和精力进行单个产品的销售，这个过程琐碎而持久，增加了经营成本。此外，用户也同样需要等待。另一种是利用传统的物流进行配送。企业可以把"分配"和运输的环节，外包给物流企业，也可以直接打造自己的物流体系。企业把过分集中起来的货物通过大物流的途径分散开来，将它们运输到各个地区的分散仓库或者物流中心。一旦有客户下单购买，商家就能从最近的货仓发货，保证了商品在最短的时间内送到用户手中。这样一来，客户一方面可以去最近的实体店进行实物体验，另一方面也大大减少了等待收货的时间。这种模式也会是未来网络渠道采用的主要方式。

雷军选择网络渠道主要有两个原因：①直接接触消费者并获取市场信

息，与消费者形成良性互动。②通过缩短传统销售渠道，节省渠道加价的费用，降低产品价格，提高小米一直强调的"性价比"。通过互联网渠道，小米能减少渠道经销商对产品的加价部分，使产品价格下降。

最后，库存问题在网络渠道上也要随之而改变。传统渠道能够通过分散储存，减少企业自身库存，缓解库存压力，增强企业在资金和生产上的灵活性，从而降低市场风险。以网络渠道为主要依托的企业在库存方面没有了这样的条件，需要不断提高自己的库存能力，规避运营风险。但是网络渠道的有效利用也在很大程度上保证了库存的合理性。企业构建的各类网络平台和网络渠道将发挥重要作用，它们可以实现对客户信息的准确把握，具体了解产品需求，通过强大的信息处理能力合理规划企业的生产规模，建立产量即销量的生产模式，从而实现低库存，甚至是零库存。在灵活而有针对性的生产中，这种严格按照市场需求而开展的生产活动也将有效降低库存风险。

另外，选择传统渠道的多数企业无法获知具体的市场信息，他们的产品经过渠道商卖给用户之后，企业基本上很难得到产品信息的反馈，这些都使得用户体验变得非常糟糕。传统渠道商的存在会使企业获知市场信息的成本有所增加，使企业无法与用户进行有效的沟通和互动。

小米作为一个贯彻互联网思维的科技公司，创业伊始就一直通过电商的形式来最大限度地降低成本，远离层层加价。但通过最近的数据分析，我们还是发现了一些变化。2013年上半年以前，线上销售为小米手机的主要销售途径。但是从2013年下半年开始，小米的销售渠道策略进行了两次调整。第一次调整在 2013 年下半年到 2014 年上半年。在这一阶段小米加大了线下销售的力度，逐渐形成一种新的模式，就是线上把握控制节奏、打造品牌，线下加价销售、形成规模。这是在特定时期、特定环境下做的策略调整。面对小米要不断扩大销量而线上市场有限的局面，小米在这一阶段也积极拓展了线下市场。第二次调整始于 2014 年下半年，小米将重点再次转回线上销售，在这样的调整下，小米的线上份额在 2014 年 11 月份回升到了 60%。

随着不断有新的互联网品牌跟进小米的渠道策略，小米再次将重点放在了线上渠道。这次转变是小米有目的的主动调整，这种调整有着很多影响因素，主要体现在以下几方面。

第一，小米在传统渠道中滞留积压的手机过多，需要加快出货速度。2014 年，小米公司宣布手机销量达 6112 万部，但是市场上的实际售货量是 4508 万部，这就意味着小米手机在这一年约有 1600 万部囤积在各类传统渠道或者"黄牛"的手中，虽然小米将手机卖出去了，但还没到最终消费者手里。这些滞留在渠道上的手机对小米来说是一个危险，滞留得越多危险就越大。因此，在这种情况下，小米迅速将重点回归到线上，按照官方的价格加大线上销售。

第二，线上的手机销售将会为小米带来通信运营商给予的渠道报酬。按照一般准则，通信运营商会为社会渠道的手机销售提供渠道酬金，但是线下的渠道销售酬金是给了具体的销售单元的，小米手机虽然卖出了很多，但是小米并没有获得这部分酬金。但如果手机是通过小米网卖出去的，这部分渠道酬金将会直接给小米,而这部分酬金至少会有几个亿。当前三大通信运营商都加大了对社会渠道的补贴,尤其是能直接给运营商带来利润的互联网品牌手机销售。因此,面对这样的机遇利润,小米必须要紧紧把握住,继续利用自己的既有优势提升自身的品牌价值。

第三,小米对"黄牛"的防范有了明显的效果。面对一度给小米带来很大损失的"黄牛"现象,小米曾经采取过种种措施对其进行打击和防范,这也取得了显著的效果。这给了小米手机一个安全而自由的环境,能够将更多的手机直接卖给手机消费者。

第四,小米在其他渠道上也拓展了自己的线上销售。小米手机主要以官网为销售平台,并与天猫、腾讯、易迅等平台展开合作,在这些平台上同时进行手机的售卖。目前,小米手机在很多 B2C 平台上有着非常广阔的市场。虽然某些平台销售的小米手机有了加价的现象,但依旧保持了较好的销量。

网络渠道平台

美国学者钱德勒曾经表示,规模经济和范围经济是传统企业的两大驱动力。规模经济是什么?就是要做到最大。范围经济就是要做到最广,在很大程度上说,就是在国家政策层面上的做大、做强。

但是对于互联网时代的企业来说,驱动力就是平台。就商业模式而言,平台型公司正在大行其道——淘宝、百度、苹果、京东，等等。很多企业特别是大型企业都在以平台模式横行各个产业。这一点在全球500强企业中的前100强企业中均有所表现，这一百个企业中，60%都是平台型企业。

对于什么是"平台"，其实并没有标准答案。一般而言，"平台"主要为企业和商业活动提供一个商业生态系统，它建立在平等的基础上，由多个主体共同构建，并能够实现资源共享和开放共赢。未来的商业竞争不再只是企业与企业之间的商业较量，而是不同平台之间的竞争，甚至是不同生态圈之间的深层碰撞，而单一的平台是不具备竞争力的。BAT是当今中国互联网行业的商业巨头，它们分别以搜索、电商和社交为中心建立起了自己的产业体系，后来者就很难再在这些领域中撼动它们的地位。这也是小米如此注重建设自己的小米电商平台和小米生态系统的原因。构建平台是一种战略选择，而构建平台生态圈更是大战略的布局。小米正在这个宏大的战略布局下，逐步发展，稳步前进。

在现有的电子商务渠道中，竞争正在逐步加剧。随着更多的自营平台推出第三方平台服务，将逐渐形成多足鼎立的局面。

最大的网络渠道平台当然是淘宝和天猫渠道，也可以称为阿里系渠道。这两个渠道以用户群体大、交易多为特征在电子商务渠道中始终独占鳌头。仅就2012年的情况看，阿里系的全年交易额就已经突破了万亿大关。阿里巴巴中国零售交易市场2016财年商品交易实时总额(GMV)突破3万亿元人民币，远远地将其他交易平台甩在身后。[1] 但是，淘宝、天猫日益庞

---

[1] 阿里年交易额突破3万亿 背后仍在思考什么?.第一财经日报.2016年3月21日

大的体系中也存在一些问题，在这个平台上，有着相当数量的卖家并且这个数量还再持续增加，买家实际可以选择的产品入口较少。卖家要想形成较好的交易量，还需要投入相当多的成本。

仅次于阿里系的电商平台就是京东。京东的发展尤为迅速，2014年京东的市场交易额就达到了2602亿元，净收入有1150亿元。[1] 京东在用户数量上同样具有很大的优势，不仅用户量多而且每年的交易额也十分巨大，此外还有非常成熟的一二线城市仓储和配送体系。京东的一个显著特点，是京东商城具有较高的入驻门槛，有着严格的资格准入，这在一定程度上为京东赚得了不少口碑。

目前，小米电商平台已经是中国第三大电商平台，仅次于阿里巴巴和京东。之前，小米电商平台一直被大家忽视，但小米按照其三驾马车的思路，对自己的电商平台建设十分重视。小米电商平台卖的不只是手机，它的内容十分丰富，包括小米的核心产品和小米生态圈内的所有产品。

2012年11月，小米入驻天猫，在这一平台上开了小米天猫旗舰店。后来，小米又联手京东，以自营的方式进入京东。当小米入驻天猫之时，网络曾一度流传京东打压小米的消息，这其实是经营理念的不同导致不同的营销渠道选择结果而已。小米一直坚持自己的销售渠道，而京东商城的方式一贯是自营。因此，小米与京东早期没有进行合作。现在，小米入驻京东采用了京东自营的运营方式。那么，小米自建的小米电商平台和天猫、京东等第三方平台有什么不同？小米在建设自己的电商平台的同时，又为

---

[1] 京东2014年交易额翻倍. 新华网. 2015年3月4日.

何要进入第三方平台呢？

　　毋庸置疑，淘宝、天猫、京东在长期的经营之下，它们的影响力无人能及，这些第三方平台有着不可比拟的优势。第一，这些成熟的大型平台有着完善的购物流程，并且用户数量非常大，从界面、平台特点到购物流程都已经为用户所熟知；第二，这些第三方平台有着完善的信用体系，信用制度建立的时间已经很长，可信度很高；第三，这些平台都有固定的商城模板，可快速搭建网上门店；第四，平台流量大，而且客户在这个平台上的购物目的性很强。这些优势都促使小米逐步选择与优质的第三方平台合作，也只有实现渠道的多样性，才能更好地满足顾客的不同需求。

　　目前，小米天猫旗舰店已贡献了相当大的销售流量。如今，小米又和京东联手，强势进入京东这个3C（计算机、通信和消费电子产品）电商平台，以后会有更好的表现。

　　在进入第三方平台的同时，小米也一直在坚持并重点打造自己的专属电商平台。自建平台有很多第三方平台没有的优点，它也发挥着销售主力军的作用。第一，自建平台具有较高的灵活度，可以自如地对平台功能进行伸缩和扩展，可根据实际情况不断进行调整和完善。第二，自建平台没有佣金负担，减轻了企业的财务压力。第三，在销售及服务流程方面，小米可以采用高于淘宝等平台的标准要求自己，因此可以做到给客户更好的服务。第四，自建平台的网站空间是没有限制的，小米能够在上面展示足够多数量的商品，满足用户的多重需要。第五，小米通过自建平台可以打造一支完全属于自己的团队，对自身的长期健康发展非常有益。虽然自建

雷军：乘势而为

平台成本高，需要长期积累，推广难度大，但小米电商平台还是做到了全国第三的程度。当然粉丝的支持是其中很重要的一个原因，也正是在众多粉丝的支持之下，小米平台才能在很短的时间内以较低成本获得较高的知名度。

小米互联网销售模式是"预售—获得订单—生产—配送"，内部将其称为"戴尔式供应链管理"。通过预售，小米手机可以直接了解用户市场需求，从而按需定制。这种建立在对市场精准把握基础上的生产，将会为企业规避很多风险，产量即销量的模式对创立没多久的小米来说，无疑是安全的。虽然预售加抢购的模式一直争议不断，也广受诟病，但小米坚持这种模式，一方面这是一种营销手段——不但可以提高用户关注度，吸引用户抢购，还可以利用预售到发货这一时间差等待元器件价格的下降，从而使手机成本下降；另一方面，在这一行业中，库存是一项巨大的负担。雷军曾屡次提到微软，微软的Surface一个季度的库存就会减值9亿美金，这种天文数字对只有几年历史的小米来说是不能承受的。小米有着巨大的经营风险压力，保证元器件等原材料稳健的订货量是小米可以保持长期发展并不断壮大的关键。事实证明，通过合理的预售，小米可以预估每款产品的销量，给产量定一个客观的标准。

除此之外，小米的预售还在其他方面促进了小米的品牌打造。从几次预售的情况来看，每次小米手机开始预售，网络上都会掀起很广泛的话题性讨论，关于小米预售的消息会得到广泛传播，很多人都因此知道了小米手机是要"抢"的，这也在一定程度上提高了小米手机的热度和知名度。

另外，小米手机限量发货的一部分原因也是产能不高，这为刚刚起步的小米提供了成长的缓冲时间。

正如市场人士曾指出的，"平衡感"对小米至关重要。小米必须要保证天平的平衡，一方面，小米手机作为小米整体产业布局的核心必须要不断扩大销量，为MIUI扩大用户群，做大市场。另一方面，又要防止因为过分的推广而导致销量的无节制上升，这将会给新兴的小米带来生产、仓储、服务等方面沉重的压力。把握好发展的度，仍是小米需要准确把握的一点。

迫于2015年小米增长速度放缓的压力，雷军似乎有些忧心他曾经心心念念的网络渠道，尽管他在2016年的小米年会上曾说"2016年开心就好"，但是随着黎万强2016年的回归，小米似乎在酝酿一场新的渠道转型，开始发力地面渠道。

小米之所以能够取得巨大成功，可以说雷军开创的手机电商模式立下了汗马功劳，小米凭借其领先的电商模式迅速发展成为手机圈的翘楚。在小米之后，其他国产手机厂商都纷纷效仿小米的电商模式，开始自建电商平台并且基本都与第三方电商平台展开深度合作，正是由于电商模式拉低了整个手机行业的成本，让国产手机凭借巨大的成本优势在国际市场迅速崛起，不断冲击旧有的手机市场格局。

雷军观察到2015年小米增速放缓后，实际上已经意识到两个问题：

第一，在整个手机市场增速放缓和市场趋于饱和的情况下，单纯的线上渠道已经无法满足小米巨大的销量目标，进行线上线下全渠道建设已经是势在必行的事了。

第二，一二线大城市的网络购买已经趋于饱和，市场下沉三四线城市甚至农村已经是不可扭转的事实，而农村市场在物流、网络等基础设施不健全的情况下，线下渠道的优势就开始显现。[1]这也是雷军在2016年3月召开的"两会"期间，提出发展农村电商背后的原因。他建议进一步加强农村互联网的基础设施建设，推行"宽带中国"战略，加快、加大推动提速降费的重大举措，创新宽带电信普遍服务补偿机制，打通信息高速公路的"最后一公里"。同时要加快农村移动终端的普及力度，推行"手机下乡"活动。移动终端厂商应积极发展质优价廉、简单易用的移动终端，应扩大面向广大农村的供应力度，使收入不高的农村居民能用得起移动互联网。如果他说的这点能够达成，那么雷军依然可以让自己的互联网渠道大行其道。

所以在一线城市饱和，三四线甚至农村市场电商不畅通的情况下，雷军要想进一步扩大销售量，线下渠道的建设势在必行。不过，雷军也很清楚这并不是他的目标，互联网才是他的绝对主战场。甚至在2016年的小米年会上，雷军自己也说，销量、KPI、拿第一曾构成了他们的心魔，但2016年销量第一不再是小米的目标，要让小米回归初心。这既可以看作是雷军给自己设立的一条后路，也是以退为进的一种方式。

---

[1] 平洪光. 小米2016年进军线下渠道 只是销量这么简单吗?. 2016年1月.

渠道中的小米"黄牛"

说起"黄牛",人们首先想到的都是以前倒卖火车票的人。但曾几何时,倒卖小米手机的"黄牛"也猖獗起来了。由于小米手机越来越受到年轻用户的欢迎,再加上其独特的抢购模式,逐渐形成了一个庞大的"黄牛"队伍。2011年小米第一款手机公开发售时,所有手机在短短三小时内就全部售卖一空,在此之后,每次小米手机的发售都会创下新纪录。小米手机的性价比吸引了大量的用户,但小米的产能和供应链一直是一个大问题,小米手机的产量并不能满足用户对小米手机的需求。在有限的产品供应下,小米又采用了"预约—抢购"的模式,但还有很多有意向的人一直没能买到一部小米手机。大部分的人除了每周一次的抢购和并不是人人都有机会得到的F码,就没有其他的渠道购买小米产品了。这就给了"黄牛"们一个可乘之机,大量囤货,高价出售,让小米和小米的用户十分头疼,小米也因此广受诟病。

其实遭受"黄牛"困扰的不仅仅是小米。随着电子商务领域的竞争日益加剧,近几年各大电商之间纷纷打价格战,一些商家甚至以低于成本的价格出售商品。在这样的市场环境下,一部分人就认为有利可图,他们在电商以超低价进行竞争时,以低价买走大量商品,然后囤积在自己的平台上,再高价卖出。这无论是对电商还是对消费者来说都是一种损失。2010年,当当网就与京东商城在图书销售上进行了非常激烈的竞争，双方都以极低的价格进行市场争夺。但是这种竞争并没有给它们带来多少好处，反而是给很多趁它们低价大量购买图书的书店以可乘之机。电商打价格战时，正是电商"黄牛党"大肆抢购廉价货之时，得利的是这些"黄牛党"。

电商的价格战是市场趋利的产物，给电商带来了很大程度上的伤害。在一些经销商或实体商家来看，这是一个以低价购入以高价卖出赚取利润的好机会。从电商这方面来看，这无疑是一场鹬蚌相争渔翁得利的自戕，电商本是要以低价给予消费者优惠，讨好消费者并实现扩大产品销量的目的。但是"黄牛"的行为不仅抢走了电商让给消费者的红利，而且还给电商带来了物质和名誉上的损失。因此，"黄牛"的行为需要抵制，而电商自身的促销活动也需要限制，不能一味地以促销形式进行产品推广。

"黄牛"在电商领域的破坏性活动不仅使电商和消费者的权益受到损害，同时也严重破坏了电商生态。"黄牛"现象是基本经济规律的产物，他们获利的方式也很简单，"黄牛"以官方的价格大量购买产品，再以由供需决定的市场价卖出，以此获得其中的差价作为利润。只要有需求、有价差，"黄牛"就一定会存在。

雷军当然也意识到了"黄牛"带来的一系列问题："市场上有那么多消费者，手机的'黄牛'价一般是五六百元。我们把100万台手机卖给'黄牛'，自己赚两三亿的销售额，这是挺简单的事情，可以做到保本。但是这样不但影响我们的信誉，而且影响我们的商业模式，是绝对不行的。我们内部曾经有同事把F码卖给'黄牛'，三年前就被开除了，我们的内部管控是非常严的。我们的一些同行也在攻击我们说,雷军说是在电子商务上卖,你看他都卖给'黄牛'了。小米任何人把手机卖给'黄牛',会立即被开除,这是我们不变的立场。我们的产品的确处于供不应求的状态,出现大量的'黄牛'找我们买货。我们跟'黄牛'斗智斗勇,甚至组建了一支专门的团队在打击'黄牛',如果发现'黄牛'就自动拉黑。我们在针对这一点的技术方面下了很大的功夫。"

小米的手机销售从线上到线下一共有三种渠道,而"黄牛党"也在利用这三种途径进行手机抢购。第一种是在小米手机正式的抢购过程中,"黄牛"及其"抢手"参与其中,获得大量手机;第二种是通过小米的F码购得手机,"黄牛"利用各种渠道,或者买或者进行交换,他们拿到F码后大量购入;第三种是通过通信运营商的渠道获得手机,在这一渠道中有着相当一部分小米手机流出,也是"黄牛"获取小米手机的一个重要途径。

"黄牛"对小米手机的抢购不是单打独斗。为了尽可能多地抢购手机,他们通常组建具有相当大规模的队伍,并有明确的报酬。在抢购的时候,"黄牛"们会雇佣一大批"抢手",这些"抢手"抢购成功后会根据手机的类型获得50元到400元的报酬。具体报酬以抢到的手机机型而定,据传小米手机的"抢手"们有这样一个佣金标准:抢购到红米手机每部50元到200元;抢购到红米Note每部100元到300元;抢到小米4每部300元到400元。

在经过这样的抢购过程之后,黄牛手中的小米手机成本已经增加了好几百元。当"黄牛"把手机卖给其他商家时,自己再进行加价。最后算下来,

"黄牛"卖出的每部手机平均加价了300元到400元,而"黄牛"也就是在这样的过程中大获其利。还有一种"黄牛",他们采用了更简单的办法进行抢购。这些"黄牛"花几万元钱购买一套抢购软件,用这些"简单粗暴"的方式进行疯狂抢购,他们手中囤积了大量这样抢来的手机,获得的利润更高。

小米手机一经发售,这些"黄牛"就千方百计地进行大肆抢购,最终手中掌握了大量本该流向消费者的小米手机。为了最终高价售出,从中赚取差价,"黄牛"还必须掌握比较多而且高效的售卖渠道。那么这些"黄牛"手中的大量手机具体都流向哪儿了呢?据曾长期潜伏在"黄牛党"QQ群的"卧底"透露,这些被"黄牛"囤积的手机一般有两种销售渠道。

第一种渠道是网上销售平台。在小米手机正式开始抢购前,网上的店主就会主动找到"黄牛",从他们手中预订一定数量的手机,通常这些店主会给"黄牛"每部手机30元到50元的报酬。

第二种渠道就是传统的手机电商。线下的手机店依旧是很多人购买手机的首选,传统的手机专卖店也往往有较高的手机销售量。在某些手机店里,会有各种品牌的手机在货架上待售,而其中人们就会赫然发现小米手机的身影,这些小米手机的来源渠道只能是"黄牛"。还有一些所谓的小米手机专卖店,同样是"黄牛"专卖手机的地方,这些店面没有小米的正式授权,但是仍旧打着小米的旗号高价卖着"黄牛"机。这些传统的线下渠道对拿到手的手机加价会更高,但也因其较高的销量仍能赚得一大笔差价。

小米手机的"黄牛"现象，很明显对小米和消费者产生的影响是直接而严重的。"黄牛"之所以对小米手机大肆抢购，除了因为小米独特的预约抢购、限量发售的原因之外，也说明了手机市场对小米手机的认可和需求，这一点或许是小米值得欣喜之处。但问题的关键并不在此，"黄牛"这种大量抢购手机，低价买、高价卖的行为让小米和广大"米粉"深恶痛绝。

为了解决抢购过程中的"黄牛"问题，小米采取过很多具体的措施予以防范。首先，通过技术手段识别"黄牛"，一旦发现有"黄牛"行为永远禁止其参与抢购。但是某些"黄牛"也利用了技术手段来应对，如通过浏览器插件这一技术手段，和真实用户一起抢购产品。针对这一现象，小米的预售方式在一定程度上也是一种应对之策，某些"黄牛"往往由于不愿意押款而放弃了抢购。其次，针对"黄牛"通过小米F码购得手机的方式，小米也采取了一些措施。这个渠道之所以会产生"黄牛"，是因为F码把控不严，外流比较严重。这多发生在小米的友商那里，小米为了答谢客户，以往都会给自己的友商，如雷军投资的公司等提供购机F码，这就给了"黄牛"可趁之机。现在，为了控制这个渠道的"黄牛"，自小米4开始就基本没有F码了。另外，小米还面临着手机串货的问题。即本应在这个地区售卖的手机被挪到了另一地区进行售卖。在这方面，小米也在尽最大努力降低串货率。雷军曾在自己的微博上说，鉴于小米手机产能的提高，小米4将会实行开放购买。这个消息无疑会让很多"黄牛"心生不快，开放购买之后，"黄牛"就没有存在的市场了。

不只是小米，很多电商也都认识到了"黄牛"的危害，也在做出一些努力遏制"黄牛"现象。

一方面为了让电商一些优惠活动的初衷实现，另一方面也使广大消费者能够享受补贴买到低价的商品，有必要形成全行业的联合行动，不给"黄牛"活动的空间。京东在2012年4月份就上线运行了自主研发的"京东卫士"系统，主要负责为京东的网上交易平台排除风险，这其中就包括识别"黄牛"。这个系统将会通过对用户的相关记录和具体订单进行分析，从而确定是不是黄牛"订单"。一旦确定，这些订单及其"黄牛"账号都会被严肃处理。

另外，国美在线相关负责人也表示："国美在线是中国电商行业首个采取措施抑制'黄牛'活动的电商企业。"国美在线通过自己的系统，对订单的IP、送货地址及手机号码等细节进行详细分析，防止"黄牛"大量订单，从而影响自己的实际效益。国美在线还表示，近年来，通过对"黄牛"活动的抑制，合计取消了逾10亿元的"黄牛"订单。这一方面说明了打击"黄牛"的成效，另一方面也再次印证了黄牛的危害之大。

假货之困

假冒伪劣产品几乎是各行各业都不可避免会碰到的一个大问题。从每天的新闻报道，到每年的3·15晚会，假冒伪劣产品似乎已经成为我们社会中的痼疾。面对生活中日溢泛滥的假货，曾有人戏言，一旦有人对你的产品进行假冒，就说明你已经成功了。此话不难理解，受欢迎的产品才有假冒的价值，但是假冒伪劣产品带来的危害是实实在在的。

在市场充分打开后，由于国内电子技术水平的限制，曾经掀起了一股很大的"山寨"风。"山寨"的含义并非特指高仿、假冒产品，众多的白牌、OEM（代工生产）、ODM（贴牌生产）也都包括在内，但是对于普通消费者而言，最熟悉的还是那些令人防不胜防、非常广泛的"高仿品"。这些产品不像是那些很明显的"山寨"品，它们无论是外观还是价格都极为贴近真实的产品，让消费者很难辨别，给消费者带来很大损失。无处不在的高仿"山寨"产品，一旦中招，不仅损失钱财，连正常的使用都无法保证。

据业内人士透露，一部"山寨"机成本仅几百元，但其"山寨"的效果却十分让人诧异。不管这个手机是什么品牌，是什么样的外观，用的是什么系统，"山寨"机都可以做得十分逼真。其做工之精致几乎到了可以以假乱真的地步，但其实际操作效果却完全不能相提并论。所以，我们经常能看到一些人拿着最新款的苹果手机，但却熟练地运行着安卓系统。随着小米品牌在手机市场的迅速打响，人们对小米手机有了很强的购买意向，但是由于小米的实际产能有限并采取了抢购的销售方式，市场对小米手机呈现出一种供不应求的状态，这在极大程度上催生了"黄牛"和小米"山寨"机的出现。与"黄牛"售出的手机相比，这些"山寨"机的行为更显恶劣。"黄牛"机只是对小米手机加价卖出，虽然消费者多付了一部分钱，但是拿到的是货真价实的手机。而"山寨"机就不一样了，他们拿着成本极低的劣质机却收取消费者正品的价钱，在一部手机上可以获利上千元，而让消费者损失惨重。

目前小米正深受假货的困扰。小米移动电源在2014年共卖出了1460万部，但这个销量却不及雷军所预计的一半。雷军说："目前，小米面对的最大的问题就是盗版。如果市场上没有对小米的盗版，小米产品的销量将会是现在的两三倍。毕竟小米的品牌影响力是很大的。"

小米公司自从创立开始到现在，仅仅用了5年时间就成为中国最有价值的智能手机公司之一。但也正是由于这份成功，很多"山寨"手机商开始对小米产品冒牌生产，这成为小米面临的一个大问题。

小米在市场上的售卖途径是固定的，也是有限的，要想买到小米手机或者是在小米官网，或者是通过运营商渠道，或者是在国美、苏宁等运营商平台上。在2014年之前，小米是没有实体店的。但在广州、深圳、东莞，很早就有打出小米手机专卖的"小米之家"，这些店面风格装修得与小米体验店风格一致，店员也统一着装，穿着小米的红色制服，门面上非常醒目地打着小米的标志并赫然有小米专卖的字样。这些门店在普通消费者看来似乎十分正规，如果不了解，一定会认为这就是真正的小米专卖店。但事实并非如此，小米也多次证实，这些线下实体店完全是假冒的。小米的"山寨"专卖店分布比较广，如深圳、东莞、广州等。雷军曾在2015年年初发微博指出，所有的线下专卖店都是假的，不过这些店似乎并没有搭理雷军。

雷军很苦恼："我说这么多依然解决不了什么问题，依然有很多人说华强北全是小米，在这个问题上我们希望政府能够下大力气解决。现在小米移动电源有80%是假货，市面上的小米手机可能超过一半全是假货。我们有专门的团队在打假，但是打假很难，如果没有政府的公权力支持，单靠企业自己的力量怎么打击？我们已经讲明，小米没有线下实体店，但是却有太多家店挂着小米的牌子。所以我们反复跟大家说明，如果你想要买小米的东西，直接上小米网。尤其是小米电源，几乎每个地方都有小米电源卖，但80%以上的都是假的。假货最重要的是什么？里面都是放着劣质的电芯，都是把笔记本的二手电芯随便塞进一个铝壳里，很容易出事，出了事以后还会有更大的麻烦。"

假货对品牌的损伤也是非常大的。一旦出现事故，媒体首先会报道小米电源爆炸，当验证它是假货后，三五天已经过去了，小米受到的影响则是难以补救的。其实这个问题是雷军特别头痛的。2014年，央视曝光了一则小米移动电源不合格的新闻，报道说，在对抽检的32批共224件小米电源进行检测后，竟然没有一件是合格的。事后小米通过官方微博发布声明称，所抽检的移动电源都是假冒产品。小米接着又补充称，小米自身、小米产品的用户、质检机构和媒体都是"山寨"产品的受害者。虽然小米及时做出了澄清，但这次事件还是对小米的形象造成了很大损害。目前，网络销售平台以及小城市、县城的线下渠道是小米假货的主要销售处。

持续的供不应求造成了消费者的急切心情，也给了"山寨"机可乘之机。目前，小米虽然在通过不断提高产能来解决假货的困扰，但仍然没有摆脱这个问题。

假货的问题，单靠企业或者行业的力量是绝对不够的，政府也一直在这方面加大解决力度。目前我国对假冒伪劣商品的查处，通常是由人民政府统一负责，由各个行业主管部门各负其责，再由公安、监察、税务、财政、物价等部门配合，同时由消协、行业协会进行社会监督，这是一种大规模的协同作战。这种模式体系完整、规模较大，但是长期的执法过程中也暴露出了明显的缺陷：执法成本高，执法效率低，难以形成有效的约束力。

面对假冒伪劣行为的猖獗，小米自身也在不断做出努力。2015年3月，小米在深圳、广州等地配合公安、工商等部门进行了3·15专项打假行动，在小米的信息支持和积极配合下，在各地相继查处并销毁了大量假冒伪劣小米手机。此外，深圳、东莞等地查处了不少虚假的小米门店，并对其侵权行为进行了严厉的处罚。

但这还仅仅是开始，从更深层次解决假货问题，对小米来说依然任重而道远。小米不是唯一的受害者，每一个企业、每一个行业、每一个消费者，以及我们的整个社会都是这种假冒伪劣产品的受害者。要想解决这个问题，每一个个体或者组织都要扮演好自己的角色，自觉地承担起自己的责任，在整体的合作下杜绝假冒伪劣产品。

第六章

未来：思考和布局

未来颠覆行业的，不在行业之内，甚至不在你的视野之内。

——雷军

1987年，大学一年级的雷军看了《硅谷之火》这本书，看完之后，他激动得在学校操场上走了一圈又一圈，却始终难以平静下来。从那时起他就开始思考自己的未来，立志做一家影响世界的伟大公司。之后他加入金山软件，创立小米，投资众多生态链等，开启了面向未来的逐梦之旅。

在过去的一段时间里，尤其是最近五年，雷军无疑是成功的。提到接下来的发展，雷军既充满了期待，又有深深的紧迫感，甚至十分紧张。正如雷军自己所言，未来五年将是市场竞争惨烈的五年，小米要面临的困难会很多。但是对于未来，雷军有自己的思考和布局，他谨慎但并不彷徨。

雷军：乘势而为

未来是移动互联网的

在 2016 年 4 月举办的宾夕法尼亚大学"沃顿中美峰会"上，雷军谈到移动互联网时说道："除了美国，在互联网领域中国是最先进的，不过中国在移动互联网的技术和模式上的创新都领先于美国，以前是 C2C 即 Copy to China（将美国的创新复制到中国），现在则是 Copy to Global，即将中国的模式和创新复制到全球。"

移动互联网的快速发展和繁荣成为近年来中国移动互联网领域发生的最大变化。过去，电脑无论在办公领域还是在家庭娱乐领域都是不可或缺的，但是随着移动终端的大量出现，电脑的地位已经大不如前。曾经有人说，手机正在逐步替代电脑。但雷军认为事实可能远不止于此，手机的这种替代是有着深远意义的，手机即将覆盖电脑所有的功能，它将"变成"电脑。

关于移动互联网的重要意义，雷军早在十年前，也就是 2005 年时就开始了自己的思考。在那一段时间，大家都在说 3G 网络将要实现普遍覆盖，但是牌照却一直未能发下来。于是他就想："3G 到底是用来干吗的？带宽提速到底会对哪个产业带来最为重大的影响？"他通过分析发现，互联网主要用户群体大致可以分为专门行业的从业者和普通民众。电脑对于前者来说联系紧密、无可替代，但是对于普通人的日常生活来说并没有这么重要的地位，对他们来说手机远比电脑更方便，移动互联网对于普通人日常生活的意义更为重大。

当时雷军对移动互联网还并不十分了解，于是他就在各种渠道上搜集相关信息，去打听究竟有谁开始做移动互联网。据他当时了解到的情况，当时做移动互联网的公司寥寥无几，而且一般规模都很小，很多公司只有几个员工。不过也就是在移动互联网还没有形成规模的时候，雷军就开始将注意力和资金投了上去。张向东曾经在2004年创办了久邦数码，它首创了中国手机免费互联网模式，曾被《福布斯》誉为"无线互联网的曙光"。雷军一开始就想投资这家公司，只是后来由于种种原因没能如愿。但是雷军在移动互联网领域的投资最终还是逐渐多了起来，这也在一定程度上直接促成了小米的诞生。

雷军对于移动互联网的未来十分有自信，这也使得他在这方面的投资很是慷慨，他只坚持一个原则，就是他曾说过的："只要你做的是移动互联网，我雷军就投"。

随着对移动互联网领域投资的深入，雷军对这一领域的基本状况了解得十分清楚。他认为当时使用移动互联网的主力人群有三种：学生、打工族、军人。这类人群没有直接使用电脑上网的条件，因此更为经常的上网途径就是手机。在此基础上，雷军继投资乐讯之后又投资了第二个移动互联网项目UCWEB。这家同样是成立于2004年的公司，雷军在2006向其投入了一大笔天使投资，后来也曾在UCWEB担任挂名董事长。经过长期的发展，UC浏览器在移动互联领域的地位举足轻重，如今的全球用户已经超过5亿。

雷军：乘势而为

2007年，移动互联领域发生了一件具有里程碑意义的事。苹果公司在市场上发布了第一代iPhone。对这一领域一直保持高度关注的雷军对此非常感兴趣，他在国外买了20多部苹果手机，将它送给身边的朋友。虽然当时的iPhone并不支持中文，但是这些"尝鲜"的人由于对它的强烈兴趣，还是克服了这一困难。

雷军对这款手机进行了充分的体验和研究，他认为iPhone已经在某些程度上具备了电脑的属性和功能，明显是在用PC的思维做手机。在2007年的全球移动互联网大会上，雷军语出惊人，他在发言中提出了自己的移动互联观念。他认为，手机将会逐渐取代电脑的地位，成为与人们联系最紧密的终端。这一观点在当时引起了不小的争议，大家都觉得这是不可思议的，对雷军的说法很不以为然。但是很快情况就发生了变化，两年后，在2009年的互联网大会上这种声音就逐渐多了起来。在日本，软银创始人孙正义表述了同样的观点后，后来IBM的PC发明者马克·迪恩也发言认为，PC的时代必然要过去，手机终究要取代它。其实很早之前雷军就开始尝试尽量不用电脑，只用手机来处理日常事务。时至今日，手机对每个人的重要作用已经不言而喻。雷军认为，在未来，手机将会是这个世界的中心。一旦电脑不再成为工作、学习、娱乐的核心元素，而手机开始联结一切，那么生活的一切环节都将要以手机为中心建立新的结构，位于核心地位的手机将会建立新的生态体系。

小米的创立天然带有互联网基因，这是由雷军的互联网思维和对移动互联网的青睐所致。小米的所有布局也紧紧地围绕着移动互联中心，而小米手机的作用尤为重要，雷军要做的就是互联网手机模式。首先，小米要充分利用互联网的生产机制，制作出最实用的MIUI系统；接着，全力制作一款高性能的手机硬件；最后，利用互联网的营销手段和销售模式，为手机确定一个远低于同类产品的价格。这些环节是紧紧联系在一起的，它们共同打造成一个商业闭环，在软、硬件兼顾的基础上形成一套完整的商业生态。

在互联网技术和数字技术飞速发展的今天，人们已经深刻感知网络的无处不在和手机作为入口的重要作用，但是有人认为，作为入口的手机终将要在完善的网络覆盖下丧失其重要性。雷军对这样的说法并不认同，他坚持认为，手机的作用非但不会弱化，反而会对人身边的环境越来越发挥其决定性作用。手机的移动互联有很多特色，它可以实现随时联网，与人对所有事物的感知进行互动。不管未来软件如何进步，作为一个基本硬件存在的手机将会具有操纵一切的作用。

在雷军的观念中，移动互联网有无限机会。移动互联正在逐渐深入参与到人们的日常生活中，成为人们在各个领域中不能缺位的重要存在。人们的吃、穿、住、用、行，以及具体的工作内容都在移动互联网的包围下便利了许多，这也逐渐让人们对它形成了依赖。虽然很多人都目睹了手机和移动互联网触手的大范围扩展，但是还是有些人对移动互联网的商业模式表示担忧，认为其难以产生商业效益。雷军认为这种担忧完全是多余的。任何一项完善的产业链条都不是一朝一夕可以完成的，移动互联网的完整商业链同样需要等待。

雷军：乘势而为

基于移动互联网的跨界颠覆

　　这个世界永远不变的就是变，没有任何一个领域永远是波澜不惊的，也没有两堵墙是永远对立的。互联网的东风吹得异常强劲，以至于扎根互联网之上的很多行业在今天看来都是那么风雨飘摇，哪怕是 BAT 这样的网络巨头，它们也无时无刻不在战战兢兢、如履薄冰。自己占领的高地，可能顷刻间就会有一群人把你赶下去，而且这些人往往是从你意想不到的角落里蹿出来，并迅速站稳脚跟。互联网行业间的边界屡屡被打破，直接加剧了市场竞争，同时也让这个越来越纷乱的商战场更加精彩。

　　大家都知道，百度是搞搜索的，腾讯是做沟通的，阿里巴巴是做生意的，360 是给网络打扫卫生做安全工作的。这没错，它们也正是凭借着在各自领域的丰功伟业奠定了江湖地位。可是，现在当有人告诉你，腾讯和百度都在做网络安全，360 的搜索业务也颇见成效，你会感到惊讶吗？也许你会的。在我们以为它们会固守城池的时候，它们却早就开始了诸侯纷争，抢地、抢人、抢粮食。这个网络江湖早已是波谲云诡，烽烟四起。

　　马云曾经说过一句很有挑衅意味的话："如果银行不改变，那我们就改变银行。"于是，满腔雄心壮志的支付宝推出了受万众瞩目的余额宝，在短短半年的时间内就吸金 3000 个亿，这再一次展示了"江湖老大"的强大实力，银行业又怎会装看不见？这个局势下，哪还有井水不犯河水的说法，跨界通吃成为新的生存法则。

在小米刚开始创办的时候，只做手机和平板。但是随后我们就看到了更多的小米产品，如小米盒子、小米路由器、小米电视、小米插线板，另外小米还准备进军智能家居和汽车领域，甚至也开始做农业。这种跨度似乎是大了点，但这就是生存的规则，在这个市场上，你不可能安居一地，想要不被这个市场挤下去，你就必须要步步为营，层层突破。在某种层面上说，雷军是野心勃勃的，他就是要用互联网的思维，实现对一个个行业的颠覆。

这种不同行业间的颠覆思维，我们可以称之为跨界颠覆思维。它要求你从多个角度分析问题并提出解决办法。这是一种独特的思维能力，它往往能在一片困局中看到机会，并能乘势抓住机遇扶摇直上。互联网的跨界经营造成了一种颠覆性的结果，它不仅仅为这个行业带来了新的竞争者，更为重要的是，它在高效率整合低效率的过程中，实现了整个行业的深层变革。一旦互联网开始了规模性的跨界经营，原有的利益格局就会被完全打破，这个行业也会开始重新洗牌。

移动互联网掀起的龙卷风不只在线上的虚拟世界里刮，它的威力是那么的惊人，以至于线下的传统行业也面临着狂风暴雨的考验。这场暴风雨不会轻易停歇，直到线上线下的商业形态顺从了它的意志，它才会消停下来。但是，这个过程并不轻松，也并不短暂，它让很多人得益，也让很多人失去。这几年，三大通信运营商的日子怕是过得艰难。微信以迅雷不及掩耳之势，在短短几年内就成了最重要的沟通方式。这个全社会的普遍现象改变的不仅仅是通信领域的生态格局，它涉及人们日常生活的方方面面。

雷军经常拿他做插线板的事说明问题。他为什么要做插线板？因为已有的插线板实在又丑又不实用。既然这个应该做好的行业没有把它做好，那小米就来做一个。跨界、颠覆在我们的生活中无处不在，偶尔一个大胆的突破和创新就会深刻改变一个产业格局，进而改变一种社会形态和社会现象。互联网为我们的日常生活带来的一个最大的便利就是火车票的购买。虽然如今每逢春运，火车票的购买还会相对紧张，但是网络购票还是比以往的单一售票方法方便了很多。并不是说互联网购票具有多么高的技术含量，而是通过这样一种方式改变了传统领域中低效率的执行方式。就是这样一种效率整合，就足以改变一个行业的形态。

在中国如今的互联网格局中，似乎一切都已经固定下来了，百度、阿里巴巴、腾讯是毋庸置疑的互联网巨头，在其他领域中也分别有各自的领军者。这一局面看似稳固，但其实早就开始了暗潮汹涌般的波动与改变，这种变局也越来越明显。在这个市场上，既得利益者永远不会一劳永逸，虽然它们在各自领域中的地位难以有人出其右，但是它的发展不可能永远一帆风顺，比如会遭遇到发展瓶颈和发展停滞的时期。此时，它就必须要将视线外移，以期寻求新的增长点。这种跨界经营是市场的既有现象，也是资本市场的要求。更重要的是随着各个巨头慢慢在自己的领域里站稳了脚跟，形成了优势，围绕核心优势搭建一个生态圈就被提上了日程。生态圈不仅为企业拓展了业务并提供新的经营路径，也为自己的核心业务构筑了多种的保护圈，在这样一种深层体系下，它们获得了一定的安全范围。然而，想要借助在其他领域的发展构筑自己的生态体系，这必然是一个从别人嘴里夺食的过程，资源的有限性将让这种竞争显得尤为激烈。

在群雄环伺并且优胜劣汰的速度日益加快的互联网行业中，百度这个一早就开始称雄的巨头的日子也不好过，腾讯的产品逐步霸占市场，阿里巴巴的手也在这个市场上伸得越来越长，百度正在竭尽全力找到更多的突破点。一番开疆拓土之后，如今的百度以其搜索功能为核心，也开始形成自己的生态圈。它的业务涵盖广泛，包括搜索、推广、导航、社区、游戏、娱乐、广告等。

一个行业往往不会受到这个领域内既有玩家太大的影响，最普遍的现象是，这个行业突然蹿进来一个外来者，它完全不按这个行业的规则行事，不按常理出牌，到最后搅得整个行业都不得安生，而这个行业格局的改变就往往发生在这个时候。雷军常说，一个企业最需要担心的对手往往不在与自己相同的领域中，但要时刻警惕那些在其他领域中极具实力的企业，要对这类企业的动向保持经常性的关注。百度其实无需为360的搜索劳神费力，京东也无需担心苏宁会挤掉自己的市场份额，最应该担心的乃是那些突然闯进来的"野蛮人"，他们将很快夺走原有行业巨头手中的蛋糕。

一方面，一个行业对于原有的玩家来说是全部，而对于新进入的巨头来说，这只是一部分，他们的跨界进入并不会有多大的风险，即使失败也不会带来太大的损失。这个巨头的进入很大程度上就是为了一个战略目的布局或者总体上的卡位。另一方面，他们也往往会将原有的核心业务与新的领域的业务进行融合式经营，从而产生新的经营方式，这对一个行业来说往往是一种变革性的力量。

互联网之所以能在很短的时间里实现对传统行业的深刻改变，在于它建立在高效率上的新的商业模式。互联网企业更加注重速度和信息的作用，避免在中间环节和渠道上浪费过多的精力与成本，高效率的强大能量往往能让一个行业为之改变。

那么，在高效的互联网基础上的移动互联网企业是怎样实现跨界颠覆的呢？

第一，移动互联网打通了线上的虚拟世界与线下的真实世界。如今的网络环境已经与以前大不相同，虽然互联网在国内的发展已经有了相当长的一段路程，但它对现实生活带来的深刻改变主要还是发生在近几年。在之前的互联网环境中，互联网的确建立了一个异常繁华的网络世界，网络文化也一度很盛行，但是这个虚拟的世界几乎是与现实世界隔离的，没能实现对线下世界的改造。以前我们经常会说，某人已经沉迷网络了，但是如今这个说法已经渐渐远去了。移动互联网的到来打通了网络世界与现实世界，网络已经深深地植根于每个人的日常生活中。网络作为一种工具和生活状态，已经不能说是沉迷网络了，我们只是在以更好的方式享受生活。

第二，移动互联网对用户的影响更深刻。移动互联网可以实现用户随时随地连接网络，即时获取更为丰富的信息。这不仅为用户的生活提供了极大便利，同时也是互联网企业产品和服务信息定向传播的技术保证，这种传播效果对用户的生活产生了深远影响。在这方面，腾讯具有无与伦比的巨大优势。它除了有QQ和微信的网络普遍信息覆盖外，也能通过微信获取用户的手机号码，并能通过微信的读取功能把握用户的社交网络。在这样的基础上，它的信息传播及产品推广无疑具有巨大的现实影响力。

第三，移动互联网能准确把握用户实际需求。互联网企业与传统企业相比，最大的不同就在于对信息的强大处理和分析能力，而这种能力直接关系到企业的生产和经营效益。传统行业的经营活动要么囿于传播范围而难以具有太大的规模，要么在卖出了大量的商品之后对商品和用户音信全无。由于传统企业很难建立有效的信息收集和分析体系，所以它也难以对用户的具体需求和市场的真实情况有准确的把握。移动互联网企业则在这方面有着明显的优势，互联网企业的产品基本上都是信息产品，这些产品在售出之后会有用户的信息不断反馈给企业，企业在通过各种渠道的信息积累之后，可以准确获知市场需求，从而实现高效生产。它也能够根据用户的实际需求即时对产品进行改进，不断扩大用户量。用互联网思维从事经营活动的"黄太吉"和"雕爷牛腩"在这方面就做得卓有成效，在充分了解并满足客户需求的基础上，赢得了广大客户的普遍赞誉。

第四，移动互联网可以为作为"上帝"的顾客提供话语权。在很长一段时间里，身处商业市场中的用户始终处于被动消费的地位，他们的消费意志一直被商家强迫。一种情况是，一些厂商在进行产品的生产销售中是一种想当然的生产，没有对市场、对消费者的具体需求进行实际调查，这种生产活动在很大程度上只是为了实现生产者单方面的生产情感满足。另一种情况是，这些传统企业虽然有很明确的用户意识，并尽自己一切所能了解客户的实际需求，但是由于工具手段的局限，他们的这种感知并不是用户的真实诉求。移动互联网的出现和日趋完善则大大改变了这种局面，用户有了更多、更有效的发声渠道和平台，能够利用多种方式表达自己的消费意愿。另外，由于移动互联网所带来的意见表达的充分自由，这种声音能够形成巨大的合力，对企业的生产互动形成压力。

第五，移动互联网企业能够为用户提供比传统企业更好的产品和服务。很多传统企业担心的是，自己的核心业务正在遭受互联网企业的侵蚀。互联网企业不仅能够在很多领域实现免费服务，而且它的服务还会为用户带来比传统企业更好的消费体验，这对传统企业来说无疑是一个巨大的冲击。腾讯QQ和微信应用如今的普遍就是这样一个明显的例子，中国移动也逐渐明白了它的竞争对手不再是联通、电信，而是腾讯这个实力雄厚的互联网企业。

不做计划赶变化

雷军是与中国互联网一起成长的，他在目睹了众多互联网企业的起起伏伏之后，最终在这个行业里夺得了重要的一席，也让他离创建"世界上最伟大的公司"的梦想实现更近一步。雷军创办小米时已经40岁了，似乎这个不惑的年纪更适合创业。他说，从初出茅庐开始，投身于互联网事业的他也曾数次创业，而小米是他最后一次创业。这是在他积累了20年的经验之后的全新尝试，也是他最绚烂的一次创业。雷军觉得，之前的经验就是在为小米做积累，在金山工作的十几年，使他有了扎实的基础和独特的方式来投身小米。

雷军在金山软件工作了16年，将人生中的大把时光留在了这一处。很多人的一生波澜不惊，按部就班，时光过得既慢也快。在一个行业内工作，在一个平台上班，有的甚至在一个岗位上能安稳几十年。这些人中除了个别的行业精英之外，大多数人就在一生重复性的劳动中徘徊。毫无疑问，雷军不是追求安逸的人。所幸的是，他既把一生中足够的时间交给了同一件事，在这一件事赋予他充分的能力之后，他又能积极地尝试改变与创新。雷军走出了一条蜕变的路。1998年，雷军在金山写下第一条程序，他没能如他当时所愿成为一名知名的程序员，却最终成为中国互联网行业的领军人物之一。

雷军于1991年结识求伯君，此后他便与这位"中国第一程序员"开始了十几年的合作。在求伯君组建金山没多久，雷军就过去工作，成为当时金山的第六名员工。他在这里充分展现出了自己在互联网上的能力，很快就担任北京金山公司的总经理，并在29岁时升任金山公司总经理，此后他在这个平台上一路走下去，成就了许多的同时也有所失去。求伯君和金山不可不谓是在互联网的路上一直孜孜以求，但也步履维艰。金山立志要成为可以与微软抗衡的企业，一度推出WPS系列与微软的Office分庭抗礼。雷军在这条路上付出了很多艰辛，也见证了互联网的风云变幻。虽然2007年金山在香港成功上市，但是其规模体量并不能与阿里巴巴、百度等相比，这也是金山和雷军很长一段时间的处境。

雷军从一开始就走上了互联网的这条大路，只是远没有其他人走得顺利，期间坎坷的时候是居多的。无论是金山还是卓越，他们都没能让人心满意足，而雷军也在这尴尬的处境中心有不甘。

多年之后，雷军回忆起这一段还颇为感慨："我们再环顾四周，发现我们远远落后了。我后面两三年每天都思考哪些地方出了问题，是不是团队实力不行？或者是技术不行？或者是自己不够努力？"思忖良久，雷军认为这些都不是最主要的，关键不在于你有多么勤奋，而是在于你有没有把握大局找到最好的市场顺势而为。顺势而为要求你必须抓住时机，迅速决断，不能把时间都浪费在思考和论证上。

柳传志曾经表述过他在企业发展上的一个观点。他把制定企业战略的过程比作找路，不可操之过急，要先稳后快。他认为，在找路的时候，要小心试探，确定前面有没有陷坑和泥潭。这个过程必须要极其谨慎，但在确定之后就要以最快的速度冲下去。这种思维是科学的，联想也正是在这种方法的指引下有了稳步的发展。但原则不是一成不变的，以前适用不等于今天适用，某一领域屡试不爽的方法并不意味着在其他领域也有效。在新的互联网行业里，时间是最宝贵的，这里的生存法则是快鱼吃慢鱼，不允许"一慢二看三通过"。新的环境和时代下，企业经营的理念和思维也要随之转变。只要有一定的把握就要迅速行动，在具体领域占得先机。

速度的重要性毋庸置疑，同时企业也必须对未来有清晰的洞见，对自己的发展有着清晰的规划，并沿着这条路坚决地走下去。这在小米身上体现得很明显，雷军对自己创业提出了一个要求，就是"看五年、想三年、认认真真做好一两年"。学而不思则罔，这句话同样可以用在创业上。雷军认为，做事业不仅仅要做到埋头苦干，更要学会冥想。迅速行动并不是盲目的，它必须建立在你对形势的准确感知和对自己未来走向的把握上。

一定要学会思考并果断决策，根据市场环境和形式政策做出正确判断，去评估自己的项目是否具有可持续发展的潜力，以后能不能有机遇可以利用并迅速做大、做强。雷军在创办小米之前一直在思考，怎样可以成功得轻松一点？怎样可以在创业的道路上少走一点弯路？雷军认为，要想成为一个轻松而成功的创业者，就必须要有创办一流企业的雄心壮志，在认准大方向的基础上有决心、有恒心。

无论你的决策是什么，你的创业方向是什么，眼下以及未来很长一段时间都将面对着注意力经济，这是任何一个企业都绕不开的话题。未来的商业规则将是先有时间份额，再有钱包份额。也就是说，凡消费者眼光到达的地方和时间消耗的地方，就有财富聚集。注意力经济在眼下的消费型社会中表现得愈加明显，谁能抓住消费者的眼球，谁就能在激烈的市场竞争中夺得胜利。眼下的情况是，身处信息时代中的人们每天要被大量的信息包围，这些信息来自各方面，铺天盖地存在于人们的日常生活中。但是，人们的注意力和时间总是有限的，面对那些扑面而来的信息也会有选择性地接受和记忆。因此，对于企业来说，关键就在于如何吸引广泛的注意并让人们心甘情愿地听你说话。这有两种方法，一是迎合，一是创造。迎合就是企业的营销与推广必须是符合人们兴趣的，符合他们的阅读或者选择的取向。创造就是主动地为人们提供关注的方式和内容，培养消费者新的习惯。这一点在当下的互联网时代中表现得尤为普遍，比如人们现在获取信息的渠道主要为智能手机，其次是PC，剩下少量是通过报纸来获取新闻。另外，人们在社交网络上也投入了越来越多的时间和注意力，于是社交网络就成了很多电商的新入口。

智能设备是重要的商业载体

移动互联网已经成为显性的机会与竞争市场，但这只是一个开端而已，未来的产业格局将会发生更为深远的变革。移动互联网的勃兴带来了未来发展的无限机遇，其中包括家庭互联网、智能设备、IOT等。

IOT（Internet of Things，物联网）已经成为世界关注的投资领域，并且全球对它的投资正在提速。这是一个巨大的网络，各类信息传感设备，如红外感应器、全球定位系统、激光扫描器等，它们与互联网结合起来，在形成一个范围广泛的互联互通的网络形态。这将为未来的社会生产生活展现一幅更为智能而生动的图景。美国曾有一个"智能星球"的概念，这个概念就是互联网和物联网的结合。可以想见，将来建立在物联网基础上的社会将会更加智能,人们将充分实现对生活对象和生产对象的精确把握。在医疗保健领域、运输业领域及食品餐饮领域都会因之而更高效、更智能。作为新兴的市场及未来发展的方向,资金开始逐渐向这一领域集中,这将是一个上万亿的市场空间,发展前景不可估量。

雷军对这一领域紧密关注,最触动他的一件事就是谷歌对Nest的收购。Nest是一家智能家居公司,2011年由"iPod之父"托尼·法代尔创办。它成立不久就推出了颇受市场欢迎的智能温控装置,其他家居智能产品也相继研发,在很短一段时间里就已是智能家居领域中的一大品牌。2014年谷歌收购Nest之后,两家公司各取所需,它们瞄准的正是智能家居和物联网的巨大市场。据国外媒体报道,时隔一年之后的2015年6月18日,谷歌旗下的Nest召开新闻发布会,推出了更新后的智能家居设备和相关软件。

在这样的背景之下,智能化的市场前所未有地打开。小米站在这个风口中,也在积极地顺势而为。雷军已经将小米带入了这个领域之内,小米盒子、小米电视、小米路由器、小米空气净化器等,这些产品正在形成一个镌刻有小米印记的智能家居体系。而在这些产品中,可穿戴设备被雷军认为是未来发展的重点。

可穿戴设备同样是一种智能化设备,它可以直接穿戴在人身上,这些智能化的终端被安置在衣服或者配件中,是一种便携式设备。通过特定的传感技术,人身上的相关数据会与互联网联结,最终形成人与互联网的互动,服务于人的具体生活。

可穿戴设备的重要性已被越来越多的人认识到,人们对即将由它引起的改变抱有很大期待。2014年，全球最大的专业服务机构之一普华永道曾发布了一份《可穿戴设备的未来：可穿戴设备将会是下一个奇迹》报告。报告称，在未来，社交媒体、娱乐业、广告、游戏、健康等行业将要受到智能可穿戴设备的极大冲击，并发生深刻改变。

相关报道称，德国国家队的数据分析师诺曼透露，德国国家足球队之所以能在2014年世界杯中夺得最后的胜利，是因为被称为Micoach的可穿戴设备发挥了关键作用。在比赛中，为了更科学地制定战术，主教练通过这个设备监测队员的速度、心跳数据参数并加以分析，在最后的决赛中，勒夫把各项数据最好的格策换上场，最终以格策在最后时刻的绝杀夺得了世界杯冠军。由此可见，此类设备技术之成熟、发展之迅速、应用之广泛已经到了相当高的水平。

此类设备将不只适用于体育、医疗等领域，随着它逐渐在消费市场上的推出，人们对此类可穿戴设备也表示出了极大的热情。美国弗雷斯特研究公司在2014年3月曾对数千名美国消费者进行了相关调查，绝大多数人都表示愿意在手腕上佩戴可穿戴设备。细分类别的设备，如嵌入了传感器的T恤或鞋子等，它们在近几年的市场需求也明显上升。2015年，美国高德纳咨询公司预计智能服装的发货量将从去年的10万跳升至1000万，这一数字相当于全球智能手表销量的1/3。另外，根据互联网数据中心的预测，可穿戴设备的发货量将会在未来几年中持续增长，到2018年预计将达到1.12亿。

可穿戴设备的市场逐渐打开，人们对它的需求迅速上升。这除了人们对智能手机已经少有新鲜感之外，更与此类设备的自身特性紧密相关，智能化的设备具有十足的时尚感和科技感，很容易就能赢得人们的青睐。从技术环节角度讲，可穿戴设备通过与人体的完美结合，整理人体的数据，提供及时的反馈信息，可以引导我们做出更好的选择。它更小巧、更便捷的特性能使人们的生活更方便，因此，它在未来的市场将会十分可观。

随着可穿戴设备的崛起，用户对产品需求量增加的同时，也对这些产品的具体功能和质量提出了更高的要求。他们不只满足于这些设备作为精致配件的形式感，所以未来市场可穿戴设备从配件走向整体是一种趋势。

关于智能设备的方向，雷军基于"手机是世界的中心"的观念认为：尽管智能穿戴设备的风暴已席卷全球，但功能上则是智能手机的延伸，并未突破"智能手机伴侣"的产品定位。所有的东西都是手机的外设，所以雷军要把所有的设备连起来。他说："我希望有一天你掏出小米手机，家里所有的设备都联系了起来，并且它们全部受小米手机的操控。你的生活将会变得更加轻松而便捷，比如，你回到家门口，不用掏钥匙门就开了，走进房间灯就亮了，音乐响起来，整个生活变得非常舒适……"

在雷军构筑的小米智能家居系统中，雷军希望小米能占领从入口到终端的所有环节。目前小米的这种布局已经初见成效，很多产品已经进入这个序列中。小米路由器、小米盒子、小米智能摄像机、小米智能插座、Yeelight智能灯泡和小米智能遥控中心等，这些产品正在逐步地构筑小米智能生态系统。再加上已面世的新型智能空气净化器，小米的野心显露无遗。

雷军：乘势而为

智能家居作为与每个人密切联系的新兴产业，已经显露出巨大的市场空间。随着移动互联网的飞速发展，智能终端产品已经越来越多地出现在人们家庭中，因此，无线网络的家庭控制就有了很大的范围，也更容易实现。用户只需要凭借一部手机或者遥控器就能轻松地实现对所有设备的操控，享受到智能生活。

如同之前的预测一样，"智能家居将成为移动互联网的下一必争之地"。一些像苹果这样的手机厂商也开始将目光放到这片新兴领域中来。据统计，到2020年，全球智能家居市场规模将达到3500亿元以上。在智能家居方兴未艾之际，各大互联网巨头、传统家电巨头、智能硬件初创企业等都争相发力。很早之前，小米就宣布正式推出小米智能家居控制中心业务。拓展这一业务的小米宣传视频"小米手机带你玩转智能生活"也一度在微博上广为流传。小米不甘落后，硬件、软件双管齐下。

小米邀请新浪原总编陈彤加入，投入巨额资金，打造有自己特色的影音内容。还巨额投资you+公寓，和华润合作推出首间样板间，不断拓宽渠道。与小米商城直接售卖商品的方式不同，小米公寓、智能家居样板间主要是为人们呈现出一种环境，以及一种生活的理念和态度，从而让人们产生对智能生活的憧憬。

虽然目前的智能家居行业吸引了大量的关注和投资，但是想要真正实现这种生活方式，还需要更多智能终端的生产及科技的进一步发展。这不仅是对企业的巨大考验，也是对整个社会提出的要求。

第六章 | 未来：思考和布局

雷军的"国民企业"理想

雷军在很早之前就有一个创业梦想，那就是创立"世界上最伟大的公司"。如今小米的蓬勃发展给了他更多的期盼，他想要实现的不仅仅是一个人的创业梦想，他说他还想把小米办成一个像索尼那样的国民企业，一个可以改变整个社会产业形态并举世闻名的企业。为了这个目标，雷军和小米一直在努力着。

雷军对小米模式很有自信，对小米这四五年来走过的路也极为肯定。他曾说："小米已经很明显地带来了手机行业的改变，这种表现体现在两方面。一方面，小米手机把国产智能手机的价格拉了下来，手机价格不再维持在虚高的价位上，让国人能够用得起智能手机；另一方面，小米手机使国产手机的质量上了一个层次，国产手机品牌为了与小米进行竞争，就必须努力做好产品，提高手机质量，这将有利于提高中国整个手机行业的水平。在价格下降和质量提升的过程中，国产手机行业将获得实质性的变革，其市场竞争力也将明显增强，有利于开拓国际市场。"

在很长一段时间里，国产手机行业相当混乱。这些公司没有未来的产业计划，做手机的唯一目的就是为了赚钱，他们尽可能地降低成本，手机的质量也很难保证。小米从一开始就与这种做法截然不同，并致力于改变中国手机行业的这一现状。雷军曾经表示："我们一开始进入市场，就很

雷军：乘势而为

明确地知道我们要做什么，我们是做给自己的，就一定要把自己的手机做好。我们努力向苹果、三星学习，找到全球最好的供应商，用最好的材料、最好的工厂做出最好的手机。"

他的理念很明确，就是要用最好的东西做出最好的产品。但是有些人存在疑问，还在追问——虽然你们小米用了最好的材料和最好的工厂，但是小米的手机还是不能跟 iPhone 相比。这是事实，作为一个刚刚成立的互联网手机公司，不管采用什么手段都不可能在短短几年的时间里超过雄踞行业多年的巨头。但是小米手机一代一代的进步却是有目共睹的，未来一切都是可能的。从小米 1 到小米 4 再到小米系的各种周边产品，小米正在大踏步朝着目标迈进。

在对雷军的访谈中，他再次阐述了他的梦想："我其实有个不小的梦想，希望把小米办成中国的国民企业，就像 20 世纪 70 年代的索尼一样，带动整个工业的转型升级，就是让中国的产品去掉劣质产品的印象，重视产品品质、设计、创新。"雷军的梦想不仅仅是个人的，从深处讲，这也是一个企业家的职业精神和家国精神。他在实现个人梦想的同时也要使小米担负起更大的使命，就是向日本 70 年代的索尼一样，打破国际市场对国产品牌的偏见。

如今的索尼是全球知名的大型综合性跨国企业集团，全球最大的电子产品制造商之一。与所有企业的发展历程一样，它克服了不同时期的困难，锐意创新，积极进取，最终成为世界性的大型企业。20 世纪 70 年代的索尼，勇于大胆进行技术创新，正是依靠创新的力量完成了蜕变。索尼敢于创新，积极突破固有陈规，它的血液里流淌着技术创新、技术自信的基因。

索尼公司早已成为日本的一大标志，它为日本产品在世界市场上赢得了良好的声誉，成为技术与创新的代名词。索尼的产业群极为庞大，涉及领域也极为宽广，它的业务包括电子产品制作、游戏、金融及娱乐等领域，作为商业巨擘，在全球具有强大的品牌影响力。在它六十多年的发展历程中，它完成了从一个资金仅有19万日元的小企业向世界知名品牌的转变，迅速成为日本经济高速增长和日本经济国际化的象征。它的快速发展和巨大成功与其企业理念有着密切的联系，作为一家全球化企业，索尼有着高度的责任感，致力于为人们提供最优质的产品及服务。正是在索尼打造精品意识的经营理念下，它的产品得到了人们的认可和赞誉，很快占据了世界市场很大的份额，如今，索尼已经在全球120多个国家和地区建立了分公司和工厂。索尼在世界市场的傲然挺立，已经成为日本形象的最好代言，这个"索尼神话"不仅实现了企业的经营目的，更大大改变了日本的产业结构和世界形象。

雷军同样希望小米可以拥有索尼那样的巨大能量，能够改变一个行业，改变国家的某种行业现象。雷军在接受采访时表示，他希望用小米思维改造中国制造业，让更多像小米一样的企业能够积极创新，共同实现所有中国制造业的整体创新。过去三十年里，以制造业为主体的中国经济有着令世人惊叹的发展速度，但这无疑是特殊的中国式经济增长。经济增长的主要动力就是充足的劳动力，在低廉的成本中降低价格，以此赢得机会和发展空间。小米的重要意义或许在于为中国制造业提供另一种发展红利，正如小米模式一样，运用互联网思维进行商业经营，在互联网技术的基础上打造全新的商业运营模式，加强产业创新，从而实现中国制造业的良性持续发展。

雷军曾表示，小米在四五年的发展中，已经初步展现了它的能量，小米刺激了手机行业，很多手机品牌开始模仿它的模式，利用互联网打造精品，积极树立自己的品牌形象。不只是手机行业，相关互联网企业及制造业都出现了某种程度的小米化。雷军对中国的制造业充满信心，他认为中国制造企业将会在风口之下开始乘势起飞，一种全新的局面将会出现。对于雷军来说，实现"国民企业"才是他的大梦想。

国际化宏图

雷军说："要把小米网做到全球世界各地，让世界上的每个人，无论国家、无论民族、无论肤色，都能享受来自中国的科技创新。"假如雷军把这件事情做成，就能圆了他十八岁时的梦想，办一个世界级的伟大公司。

雷军觉得小米有能力也有机会在二至三年的时间里进入世界500强企业行列，五到十年时间有机会成为世界第一。他觉得小米这个模式蕴含着无限可能，有创新性，能给这个时代带来影响力。

在小米越来越大的影响力下，它的国际业务也开始形成，小米在中国的成功模式也开始向世界其他国家转移。关于小米国际化的问题，雷军跟总裁林斌、负责国际业务的副总裁虎哥（Hugo Barra）商量过，他们认为小米模式只有扎根本地才能赢。虎哥 2014 年 11 月从谷歌跳槽加盟了小米，负责小米国际业务。后来小米在印度的业务开启，他便去了印度开拓。雷军对他说，只需要把三年前小米的成功模式再使用一次就行，也不用特意花力气去扩大知名度，因为好的产品，便宜的产品，超预期的产品不用广告。

雷军认为小米模式的核心是很轻的，他们不是到印度设立整个销售渠道、门店、整个网络，这需要花很长的时间。小米只需要在 Facebook 和 Twitter 上与用户建立良好的关系，然后根据印度的相关政策以 mi.com 为基础建立运营体系，之后就是等待客户下单。只是在产品的具体供给上要克服一定的困难，把手机从中国运到印度相当麻烦，将来会将产品的最终组装放到印度国内，进而更好地解决供求问题。小米公司也将会与合作伙伴在印度设厂，雷军希望小米手机可以在短期内做到第一，这是他的目标之一。在实现了小米对印度市场的占领之后，2015 年 6 月 30 日上午，小米在巴西圣保罗举行了盛大的首发仪式，正式向巴西消费者推出红米 2 等一系列手机产品，此举也标志着小米首次登陆亚洲以外市场。之后小米会再进军欧美，小米计划实现全球大迂回，也就是很多人所说的"农村包围城市"。

有人会有疑问，小米为什么不直接到欧美市场上去做？雷军觉得这里面的原因大家都很清楚，以小米目前的实力来看，还需要在全世界范围市场里练兵，但最后小米一定会拿下欧美。

小米做国际市场做了一年的时间，进入了几个大的市场：中国的香港

雷军：乘势而为

和台湾等地区，新加坡、马来西亚、印度尼西亚等国家，雷军觉得进展的顺利程度有些超预期。经过这几个市场的尝试，小米今后的目标被锁定在聚焦应用市场上。因为应用是大市场，其他几个小市场的总和可能都不及它大。小米的目标是能够在两三年内做到这个市场的第五名。

小米公司花几千万元人民币买了mi.com域名就是为了国际化做准备，雷军想要做一个国际化公司，所以他找的五个合伙人都是海归。雷军绝对相信今天的公司在业务和团队方面的国际化程度都非常高，对于小米的国际化也很有自信。

国际化其实是一个企业的必由之路，但问题是如何国际化？一个企业怎样才能更顺利地走出国门，不仅是企业高管们苦心思考的问题，也是整个行业关注的核心。从当前中国企业的国际化来看，华为、联想这些老牌企业已经很"国际化"了。

我们不妨看看联想的国际化历程。2003年，联想正式更名为Lenovo，已经逐渐完成了国际化的各项准备，2004年联想收购了IBM的PC部门，以"蛇吞象"的气势迈出了中国企业国际化的一大步。2004年3月26日，国际奥委会在北京宣布，联想成为第六期国际奥委会的全球合作伙伴。它在奥运会上的赞助为它以后的国际化道路提供了巨大便利，借此，它可以在世界200个以上的国家和地区市场开展营销和推广活动，因此它在世界市场的知名度迅速得到提升。可以说成为TOP（首席）是企业国际化的一趟快速列车。联想认识到了这一点，并抓住北京2008年奥运会的契机，成功跻身于奥运会顶级赞助商之列。自此，联想集团终于在成为

TOP后,迈出了国际化的实质性步伐。接着联想通过收购、投资、合并等方式不断扩大其国际市场范围,如2011年收购德国电脑生产商Medion,拓展欧洲消费电子市场,尤其是移动互联网终端市场。2011年,联想集团与日本NEC成立了合资公司并掌握控股权,打入日本市场并成为日本市场份额第一。2014年,联想更是从谷歌手中收购了摩托罗拉移动。在多年的发展中,联想走出了企业国际化的坚实步伐。

但小米面对的手机市场与联想的PC市场不同,两者在很多方面存在着差异,联想的国际化路径并不十分适合小米。首先,在国际化市场中,作为小米成功关键的粉丝模式难以在全球其他地方应用。其次,国外手机市场更以运营商通道为核心,小米的电商模式在国外面临难题,它对运营商渠道的利用能力也不是很强。第三,小米国际化面临着专利问题。专利问题是国产品牌在海外发展经常会面临的问题。华为在开拓国际市场时就曾遭遇过思科、摩托罗拉等国际厂商的专利诉讼,而三星与苹果旷日持久的专利官司也是业界众所周知。

作为企业国际化绕不过去的一道坎,专利成为小米必须要解决的问题。无数事实证明,一个企业越是成功,越是在世界市场上占有很高的市场份额,它所遭到的诉讼风险就越高。根据《第一财经日报》早前的报道,2014年7月22日,小米在印度第一次网络销售,一周内收到10万次预约,开卖39分钟小米3智能手机脱销。2014年8月6日,小米印度宣布2秒售罄15000部小米3;8月12日,20000部小米3于2.4秒内售罄。2014年10月,在小米进入印度市场还不到4个月,销量已突破50万部。可以

雷军：乘势而为

预见的是，如果小米的市场份额继续高涨，那么它在印度将会被爱立信盯上，这样一来"潘多拉魔盒"便会打开，随时会给企业带来毁灭性的打击。只不过，由于高通对智能手机芯片的绝对垄断能力，这颗炸弹的导火索过去只掌握在高通一家手里。而现在，导火索被更多的同行握在手中，对此，小米必须要有足够的应对。

为了构建完善的专利防御系统，小米需扩大自己的法务部门，不断购买及申请专利，以此应对专利诉讼，这个成本是很大的。未来的市场竞争将会越发激烈，如果竞争对手要借专利短板压制小米的发展，是极有威慑力的手段，小米必须要形成完善的应对机制。

国际手机市场中，苹果、三星、黑莓等在欧美市场互相诉讼已成家常便饭。一批批企业在这场专利厮杀中败下阵来，有的一蹶不振，甚至是销声匿迹。苹果曾经在全球范围内起诉过三星、HTC等企业侵权，选择它们的一个主要原因就是它们拥有很大的市场份额。相对于三星等被起诉的手机品牌，小米手中的专利少得多，小米也必须要在这方面下足功夫。

对于小米的国际化，在MWC 2016世界移动通信大会上，联想集团高级副总裁、联想移动业务集团总裁陈旭东直言，小米模式除了在印度可能还有机会以外，在其他国家很难复制。"这种模式在巴西就不行，在中国之所以能行是因为以前拥有天时地利，但市场一直在变化。"国际化是一场持久战，要想取得真正成功，需要的是技术、品牌、人才、资源等综合实力。最重要的是，要结合消费者这一市场的特点，根据不同国家的具体情况选择有针对性的策略。小米的国际化还刚刚起步，未来还有很长的路要走。但是小米在国内的巨大成功，让它在国际市场上亦有巨大的扩展空间。我们也期待雷军带领他的"梦之队"在国际市场上走出一条中国企业的国际化之路。

后 记
Postscript

就雷军的互联网营销思维而言，本书是第一部放在经典市场营销理论框架基础上，全面总结雷军互联网思维的书。

本书动笔始于 2014 年 12 月底，一开始，我其实是想写一本全面总结雷军管理思想的书，但是由于跟雷军本人接触的时间有限，原定多次深入与其探讨的计划因雷军事务诸多、时间有限并没能实现。到了 2015 年 2 月份，我决定把本书的内容调整为探讨雷军的互联网营销思维。一来相关访谈的资料比较多，二来雷军对其企业的影响也大多来源于此，更有探讨的价值和市场说服力。

本书是在我与雷军接触访谈过程中形成的资料基础之上，由我与复旦大学东方管理研究院院长苏勇教授共同确定本书的撰写提纲。之后，本人据此撰写了初稿，再由我的研究生贾森、曾珮在初稿的基础上，增添了大量的资料，形成本书的第一版内部讨论稿。

在此基础上，我们又翻阅了大量的关于市场营销、互联网营销方面最新的理论研究成果，结合雷军的互联网思维，对书中的内容加强了理论深度和逻辑性。经过数轮修改完善，力求使本书的观点更具有普遍意义，对其他企业，尤其是想进行互联网转型的传统企业，更具有借鉴意义。

在本书的撰写过程中，得到了复旦大学管理学奖励基金会、复旦大学东方管理研究院的大力支持与帮助，还得到了杭州蓝狮子文化创意股份有限公司的全力支持，在此一并表示感谢。

本书的内容，除了直接对雷军的访谈资料外，我们也借鉴了一些其他作者对雷军的讨论和研究，书中未能一一列出，在此一并致以诚挚的谢意。

本书写作时间仓促，错误之处在所难免，敬请读者谅解。

参考文献
References

[1] 陈静. 小米资本连环布局 雷军投资路径隐现. 21世纪经济报道. 2014年10月13日

[2] 陈润. 雷军：风口上的商业人生. 商业文化（下半月）. 2012年2期

[3] 陈润. 雷军传：站在风口上. 武汉：华中科技大学出版社. 2013

[4] 陈莹莹，陈静，宋曦曦. 雷军："小米加步枪"征服世界. 中国证券报. 2013年11月9日

[5] 范秀成，杜琰琰. 顾客参与是一把"双刃剑"——顾客参与影响价值创造的研究述评. 管理评论. 2012年12期

[6] 符星晨. 雷军终极反思：运气有多重要. 创业邦. 2010年8月

[7] 何小桃. 解密小米供应链：代工厂超百家 雷军玩制衡术. 2015年3月

[8] 贺骏. 迅雷挂牌首日股价暴涨24%，雷军系入主助其脱胎换骨. 证券日报. 2014年6月26日

[9] 胡春苗. 戴尔公司网上直销模式分析. 新经济. 2014年1期

[10] 凯文. 单品战略是中小型企业最佳成长战略. 今晚网. 2014年10月16日

[11] 匡冬芳. 小米"众包". IT经理世界. 2012年6期

[12] 雷军. 小米的 HR 管理之道. 现代企业文化旬刊. 2014 年 19 期

[13] 黎万强. 参与感：小米口碑营销内部手册. 北京：中信出版社. 2014

[14] 李立. 视频资本"换血季" 盈利仍是头等难题. 中国经营报. 2014 年 11 月 19 日

[15] 刘文艳. 线上运营成本超过线下. 泉州晚报. 2014 年 9 月 7 日

[16] 罗维秋等. 小米的神话与谎言. IT 时代周刊. 2012 年 8 月

[17] 聂耀辉. 沃尔玛低价策略打天下. 经理人. 1997 年 4 期

[18] Russell Flannery. 雷军：四年里唯一的错误 就是把小米少估了一个零. 福布斯中文网. 2014 年 12 月

[19] 尚文捷. 小米：用互联网思维颠覆传统产业. 中国品牌. 2013 年 2 期

[20] 尚文捷. 小米科技：互联网思维下的"蛋". 中国品牌. 2014 年 11 期

[21] 孙乐涛. "好孩子"雷军的革命青春与新生. 时代周报. 2014 年 4 月 17 日

[22] 王朝云. 创业机会的内涵和外延辨析. 外国经济与管理. 2010 年 6 月

[23] 王萍，贾一壹. 余胜海解密小米. 企业家日报. 2015 年 8 月 17 日

[24] 王伟，魏炜，华欣. "帝"企鹅的顶层设计. 新财富. 2014 年 1 月

[25] 詹国枢. 互联网不能颠覆什么. 中国经济周刊. 2014 年 10 月 29 日

[26] 张会杰. 漫谈粉丝经济：拥有足够多追随者想不赚钱都难. 中国新闻网. 2014 年 7 月 23 日

[27] 张帅. 三只松鼠的营销之道. 现代商业. 2015 年 26 期